남들이 내 인생을 결정하게 하지 마라

일러두기

1. 맞춤법과 띄어쓰기, 한/영 표기는 표준국어대사전의 표기 기준을 따랐습니다. 단, 화폐 단위는 가독성을 위해 붙여 썼습니다.
2. 단행본은 《》, 신문, 잡지, 영화, 뮤지컬 등은 <>로 표기했습니다.

여자 전투력

한국 나이 49세. 대교그룹의 프리미엄 교육 콘텐츠 기업 키즈스콜레 CEO 자리에 올랐다. 여자라는 성별이 핸디캡이던 세상에서 적지 않은 갈등과 고비를 겪었고, 삶은 단 한 번도 쉬운 적이 없었다. 그래도 포기하기 싫었다. 어떤 결과가 기다리고 있을지 내 힘으로 끝까지 가보고 싶었다.

직업에서 최선을 다한다는 것은 결국 자신에게 주어진 인생에 최선을 다한다는 의미였음을 살면서 깨달았다. 포기하지 않기로 마음먹으면 분명 돌파구가 생겼고 없던 힘이 솟았다. 남편과의 사별, 자폐를 겪는 아들까지. 주어진 환경을 탓하는 자세로는 스스로 인생을 꽃피울 수 없었다.

삶의 고비를 견디게 해준 것들은 거창한 게 아니었다. 인생을 고민하는 시인의 글귀, 절박함으로 연기를 했다는 어느 배우의 솔직한 고백, 매사에 긍정적이던 선배의 충고 한마디.

고민하고 갈등할 때마다 성실한 자세로 제자리에서 최선을 다하는 세상 모든 사람이 내게는 멘토였고, 덕분에 용기를 얻었다. 삶은 흔들리며 조금씩 앞으로 나아간다.

차례

프롤로그

1장. 여자와 나이

이 책의 존재 이유 ——————— 12
평범은 평범하지 않다

1. 20대, 배움과 도전의 시기 ——————— 22
무슨 직업을 선택할까?
자기 인식, 나는 어떤 사람이지?
신입 사원 서명지, 배워야할 때
닮고 싶은 선배, 어깨너머로 배우기
20대, 닥치는 대로 많이 해봐야 한다
20대, 일단 저지르고 볼 것

2. 30대, 인내와 투자의 시기 ——————— 36
무엇을 선택해야 할까?
수확보다는 투자해야 할 때
30대, 공부와 투자가 인생을 바꾼다
현생현사, 현장에서 얻는 영감과 에너지
일을 그만둬야 하나?
양자택일 프레임 벗어나기
고난을 무시하고 Keep Going
내가 잘하고 있는 걸까?
가혹한 30대, 어떻게 견뎌낼까?

3. 40대, 새로 시작하기 딱 좋은 시기 — 66
흔들리지 않고 혼자 우뚝 서기
소중한 나, 떠나야 할 때 떠나자
나온 문을 닫아야 새 문이 열린다
나음보다 다름으로!
다음 단계로 넘어가는 일곱 가지 법칙

4. 50대, 가장 좋은 것 기대하는 시기 — 82
두드리면 열린다
49세 대표이사, 할 수 있을까?
시장에 있는데, 없는 것
내 꿈은 최고의 스토리텔러

2장. 여자와 일

1. 일이란 무엇인가? ——————— 98
일이 좋은 사람도 있다
대한민국 최고의 책 파는 할머니
진정한 워라밸
목적지를 발견하는 법
경기장에 들어선 투사
일 잘하는 여섯 가지 방법
인생 습관을 만드는 나의 인생 책

2. 성과를 이끌어내는 비결 다섯 가지 - 112
　좋은 사람을 찾는다
　일의 비전과 가치를 공유한다
　닥치는 대로 무조건 많이 한다
　디테일로 파고든다
　끝까지 포기하지 않는다

3. 여자들에게 필요한 직급별 능력 ——118
　사원일 때
　팀장일 때
　간부급, 임원급일 때
　CEO일 때

3장.
여자의 마음 챙김

흔들리지 않고 계속 가는 법————132
작심삼일하고, 일희일비하기
적자생존, 기록의 힘
에너지를 만드는 5분 모닝 루틴
아들과 함께 하루 한 끼
퇴근 의식
친구의 중요성

4장.
나에게 힘이
된 글 12

1. 무엇을 시도할 용기조차 없으면서 멋진 인생을
　바란단 말인가? - 빈센트 반 고흐————148
2. 너에게 묻는다 - 안도현
3. 별은 너에게로 - 박노해
4. 실망하는 것보다 아무것도 기대하지 않는 게
　더 나쁘다고 생각해요 - 빨간 머리 앤
5. 좋은 스승, 좋은 습관, 올바른 가치관, 원칙이
　있다면 누구나 성공할 수 있다 - 워런 버핏
6. 감사 10계명 - 찰스 스펄전
7. 인생 '쫄지' 않고 사는 법 - 이현
8. 끝날 때까지 끝난 게 아니다 - 유기 베라
9. 새는 날아가면서 뒤돌아보지 않는다 - 류시화
10. 지금 당장 200% 행복해지는 법 - 김재식
11. 너의 하늘을 보아 - 박노해
12. 우리가 환난 중에도 즐거워하나니 - 로마서 5장 3절

첨언

일문일답 ————————————176
"선배님, 이럴 땐 어쩌면 좋죠?"

에필로그

마지막 당부 ————————————192

평범은 평범하지 않다

"저는 능숙한 사람이 여유 부리는 것은 참 멋없다고 생각해요.
능숙한 사람의 절실함이 멋있다고 생각하죠.
저는 20년째 이 일을 정말 절실하게 하고 있습니다."
- 가수 싸이, 연세대 축제 아카라카 공연 무대에서

처음 싸이가 나왔을 때 TV를 보면서 소위 날라리 한 명이 또 나왔나 보다 생각했다. 그런데 범상치 않았다. 자신만의 스타일로 인기를 끌더니 어느 날 갑자기 군대 문제로 구설에 올라 군대를 두 번이나 갔다 왔다. 그러다가 '강남스타일'이라는 노래로 전 세계를 뒤흔들어놓았다. 드디어 운이 트였지만 그게 얼마나 갈까 싶은 마음이었다. 그런 그가 어느 순간 국내 엔터테인먼트업계를 들었다 놨다 하는 전문가로 성장한 것을 보고 놀랐다. 매년 그가 기획하고 공연하는 '흠뻑쇼'는 하나의 문화 아이콘이 되었다. 가수이자 작곡가로, 프로듀서이자 CEO로 맹활약하는 모습은 놀라웠다.
싸이는 사실 대단한 사람이다. 끼도 많고, 재능도 많다. 한마디로 '난 사람'이다. 더 놀라운 점은 명성을 얻은 뒤에도 꾸준히, 절실하게 노력하는 음악을 대하는 그의 태도였다. 구독자가 94만 명 가까이 되는 할머니 유튜버 밀라논나 윤여정 배우를 봐도 멋지다는 감탄이 절로 나온다. 나이가 들어도 업의 장인이 되어 인정받고, 업의 속성을 확장해 제2, 제3의 전성기로 자기 인생을 확대재생산하는 사람들을 보면 생각이 많아진다. 소셜 시대의 산물이기도 할 테지만, 그것이 어디 기술에 의존한 인기요 명성이기만 하겠는가.

이런 변화를 이끌어낸 것은 결국 사람이다. 사람의 생각이 바뀌고, 그 바뀐 생각으로 '자기 일을 진심으로, 끝까지, 열심히 한 사람'만이 만들어낼 수 있는 변화다. 그들 중 단 한 명도 '적당히', '대충' '어느 정도' 하다가 그만둔 사람은 없다. 그들에게는 모두 한 분야에서 대단한 열정으로 자기 일에 집중해서 끝까지 해냈다는 공통점이 있다.

대한민국 보통 여자, 절실했던 28년

사실 내가 일하고 살아온 이야기를 쓰겠다고 결정한 뒤 조금은 부끄럽고 겸연쩍었다. 무슨 대단한 사람이라고 이런 글을 쓰나 싶기도 했고, 쓰는 내내 계속 '누가 이런 글을 볼까'하는 노파심도 들었다. 자기계발서는 연봉이 몇십억원씩 되거나 20대에 100억 가치의 기업을 창업했다거나 하는, 시쳇말로 '대박'을 터트린 이들의 전유물이라고 생각했기 때문이다. 더욱이 주식·부동산·유튜브 등으로 '월 1억 벌기'와 같은 노력 대비 빠른 성과를 거둘 수 있는 속전속결 인생 기술이 주목받는 세상에서 절실하고 성실하게 노력했다는 이야기는 너무 고리타분해 보이기도 했다.

하지만 "글쓰기로 나라를 구하는 게 아니다"라는 어느 글쓰기 강사의 말에 힘을 얻었다. 어쩌면 '인생은 한방이 아니다'라는 절대 불변의 진리를 정리해보는 것도 세상에 작은 도움은 되겠지, 믿고 싶었다. 나 같은 보통 사람들에게 헌

실적인 도움이 될 수 있다면 더 바랄 게 없겠다는 마음으로.

세상살이가 만만치 않으니 우리는 매일 무언가를 열심히 하면서도 자주 흔들린다. 내가 잘하고 있나, 그만해야 하나, 끊임없이 고민하게 된다. 그런 고민을 하는 사람들이 이 책을 통해 누구나 그렇게 흔들리면서도 한 걸음씩 앞으로 나아간다는 사실을 깨닫고 위로받았으면 좋겠다.

나는 길에서 흔히 만날 수 있는 대한민국 보통의 여자 직장 선배다. 어느 직장에나 있을 법한 흔한 선배이자, 어떤 동네를 가도 길거리에서 숱하게 부딪히는 평범한 워킹맘 아줌마다. 그나마 다른 점이 있다면 28년 동안 치열하게 싸우고 절실하게 노력해서 포기하지 않고 조금씩 앞으로 나아가길 반복했다는 것이다. 자타 공인 '누구보다 지독하게, 계속, 끝까지!'.

처음부터 대단한 목표가 있었던 건 아니다. 흔들리고 좌절하면서도 계속해서 달려왔을 뿐이다. 살다 보니 생기지 않았다면 좋았을 어려움을 겪었다. 뼈를 묻을 각오로 최선을 다해 일하던 일터에서 뒤통수를 맞기도 했으며, 사랑하는 남편과 사별하고 실의에 빠져 지내던 시절도 있었다.

어려운 고비마다 포기하고 싶었다. 하지만 그보다 강한 오기가 생겼고, 목표를 이루고 싶은 열망도 더 강해졌다. 뒤돌아보지도, 두리번거리지도 않고 목표를 향해 달려 지금 이 자리까지 왔다. 교육 기업 신입 공채로 시작해 국내 대표 교육 기업 계열사 여성 CEO가 되기까지, 싸이처럼 절실했고 밀라논나와 윤여정처럼 깊이 파고들었다.

당신은 금수저입니까?

구태의연한 질문일 수도 있지만, 묻고 싶다. 이 글을 읽는 당신은 금수저인가?

<금수저>라는 웹툰도 있고, 얼마 전 잘생긴 아이돌이 주인공으로 나와 성공리에 끝난 동명의 드라마도 있다. 그만큼 금수저, 흙수저는 우리 사회의 화두다. 당신이 금수저가 아니라면 하루하루 최선을 다해 절실하게 살 수밖에 없다. 그중에서도 특히 '대한민국에 사는 보통의 여자 직장인'이라면 더욱 그렇다. 우리는 지금도 눈에 보이지 않은 유리 천장과 싸우고 있기 때문이다.

답은 분명하다. 다르게 살고 싶다면 최선을 다해 노력하고 집중해서 자기 자신을 발전시켜야 한다. 아무 일도 하지 않으면 아무 일도 일어나지 않는다. 누구나 마찬가지다. 운이 좋아 보이는 금수저라도 예외는 아닐 것이다.

어떤 일이든 열심히 집중해서 하면 기쁜날도 기적같은 순간도 찾아온다. 제도와 시스템을 개선하자는 불만도 표출할 필요가 있지만, 반드시 자신의 노력이 동반되어야만 개인의 삶도 달라진다. 살아가면서 이루어내는 작은 성공, 어제보다 한 발자국이라도 더 내디딘 성장만이 우리에게 '어떤 일'을 만들어준다. 지난 나의 28년이 그랬던 것처럼.

지금 제가 잘하고 있는 거 맞나요?

요즘 2030 세대를 일컫는 MZ는 기본적 사고방식이 기성세대와는 다르다고 여겨진다. 하지만 직접 겪어보면 상황이나 사람마다 다를 뿐이다. 꼰대 같은 Z세대도 있고, 소확행이나 워라밸을 추구하기보다 성공하려는 열망이 더 강한 젊은 친구도 많다.

남녀 문제도 마찬가지다. 한 자녀 가정이 많아지고 양성평등 교육의 영향으로 남녀에 대한 고정관념이 많이 무너졌다. 전투력 강한 알파걸과 순하고 수동적인 초식남이 실제로 공존한다. 그러나 아무리 예선과 날라섰나 해도 일하는 여자들에겐 여전히 더 많은 응원이 필요하고, 여성이 아닌 직장인의 마음가짐이 절실하다.

내가 만난 MZ세대 여자들이나 중간 관리자가 된 여자 팀장, 임원이 되어 성공했다고 인정받는 여자들조차 어려운 문제에 부딪혔을 때 조언을 구할 여자 선배가 없다는 말을 종종 한다.

"지금 제가 잘하고 있는 거 맞나요?"

세대마다 고민하는 내용은 조금씩 다르지만, 이 질문만은 모든 세대가 똑같이 던진다. 왜일까? 조직 생활에서 만난 남자 동료나 후배들에게서는 한 번도 들어보지 못한 질문이다. 이상하지 않은가?

특히 이제까지 잘해왔고 지금도 잘하고 있으면서도 중년이 되면 직장 커리어를 포기할지 말지 고민하고, 이만하면 됐다고 자위하며 포기하는 여자들도 적지 않다. 꼭 그렇게까지 열심히 해서 위로 올라가야 하느냐며 자조하거나 임원이 될 만한 능력이 있는지 자신을 의심하기도 한다.

물론 사회 환경이 여자들에게 그런 질문을 할 수밖에 없게 만들었는지도 모르겠다. 하지만 적어도 이런 질문이 자기 자신을 질타하고 의심하는 데서 그쳐야지, 커리어를 중단하게 되는 빌미가 되어서는 안 된다. 이제껏 그렇게 잘해왔는데 말이다.

내가 좋아하는 웹툰 중에 우다 작가의 작품인 <재벌과의 인터뷰>가 있다. 주인공은 전직 경북 더우여고 복싱부 경북도대회 우승자 출신의 로맨틱 판타지 작가인데, 그의 친구가 베이커리 스타트업을 창업하게 된 이유가 경북도대회 복싱 우승자인 주인공 때문이었다고 말한다. 전국체전 여자 복싱 우승 후보를 이겨버린 시골 선수를 보면서 자기 주변에서 뭔가 대단한 일이 일어난 것 같다는 설렘을 느꼈고, 어쩌면 자신도 뭔가 해낼 수 있지 않을까 하는 꿈과 희망을 품었다는 말이었다.

　이 책이 그런 희망을 품고 살아가는 모든 이에게 도움이 되기를 바란다. 또한 커리어의 세계에서 고민하는 직장인, 특히 워킹맘의 비애로 도전이냐 포기냐의 갈림길에서 갈팡질팡하는 여성 직장인에게 힘이 되었으면 좋겠다.

　우리는 매일매일 잘 해내고 있고, 앞으로 더 잘할 수 있다. 어쩌면 이미 나도 모르는 사이에 누군가에게는 내가 꿈과 희망의 롤 모델이 되어 있을지도 모른다. 스스로가 지금 잘하고 있는지 묻고 있다면, 그것이 곧 꿈꾸고 있고, 열심히 살고 있다는 증거다.

　이왕 시작한 거, 아무것도 포기하지 말라고 말하고 싶었다. 계속해서 노력하고 있는 우리가 드라마 <금수저>의 마지막 대사처럼 '나 스스로 만든 금수저'가 아닐까.

나이에 따라 준비해야 할 것도, 가져야 할 마음가짐도 다르다.
어려서는 세상과 부딪치는 강단도 필요하고
조금 더 나이 든 뒤에는 부드럽게 사람을 감싸 안는 포용력도 필요하다.
그런데 지나고 보니 젊은 시절 세상에 맞서본 경험이 없는 사람은
나이 들어 필요한 지혜를 배우지 못한다.

1장.
여자와 나이

나는 날마다 강해진다

"23세에 입사해서 한 번도 쉬지 않고 최선을 다했습니다."
나를 소개하는 자리에서 자주 하는 말이다. 나는 1995년 대한민국 3대 교육 기업 중 하나인 W사의 공채 신입으로 사회생활을 시작했다. 세 번의 특진을 하며 승승장구했고, 37세라는 젊은 나이에 회사 양대 본부 중 하나의 최고 본부장 자리에 올라 일찌감치 임원이 됐다. 회사 메신저 프로필에 '나는 날마다 강해진다'라고 적어놓았을 정도로 지고 싶지 않았고, 잘하고 싶었고, 빨리 올라가고 싶었다. 삶은 절대로 녹록지 않았다.

겉보기에는 화려했지만 또래 사람들은 한 번 겪기도 어려운 고비를 나는 여러 번 넘어야 했다. 아이의 장애 판정, 남편과의 사별은 정말 주체할 수 없는 아픔이었다. 잘 다니던 회사에서 벌어진 내부 갈등 때문에 스타트업으로 이직했고, 맨손으로 브랜드를 만들고 거기서 다시 도전해서 계열사 여성 CEO라는 타이틀을 달기까지, 절대 쉽지 않은 길이었다.

D그룹 계열사에서 유아 도서와 독서법 사업을 벌이는 키즈스콜레의 CEO가 된 지금도 나는 매일 흔들리며 답을 찾고, 더 나은 사람이 되기 위해 무엇이 더 필요한지를 고민한다. 처음부터 거창하게 대표 자리를 목표로 했던 것은 아니다. 일단 가보자는 마음으로 포기하지 않고 견디며 쓰러질 때마다 다시 일어나기를 반복했더니 '어쩌다 대표'가 되었을 뿐이다. 멈추지 않으면 더 좋은 날이 오리라는 걸 지금도 나는 믿는다. 내 최고의 순간은 아직 오지 않았다.

1

20대, 배움과 도전의 시기

▌ 무슨 직업을 선택할까?

아버지는 해군이었다. 고3 때는 갈 수만 있다면 해군사관학교에 가고 싶을 만큼 군인을 동경했다. 몇 달씩 배를 타고 출동 나갔다가 멋진 제복 차림으로 돌아오는 아버지는 늠름했고 멋있었다. 장교이던 아버지는 다정했지만 엄격했다. 밥상에 떨어진 밥풀도 주워 먹게 했고, 이부자리에서 조금만 꾸물거려도 기상 종을 쳐서 나를 깨웠다. 아버지는 딸들도 강하게 자라기를 바랐다.

군인인 아버지보다 더 카리스마 넘치던 어머니는 한때 워킹맘이었다. 그러나 세 딸을 낳고 육아에 전념할 수밖에 없는 상황이 되자 직장을 포기했다. 그래도 어머니는 언제나 활기찼다.

아들이 없는 아버지는 둘째 딸인 나에게 가끔 농담처럼 군에 와서 자신의 부관이 되라는 말을 해서 군인 장교가 되는 길을 생각해본 적도 있었다. 하지만 그때는 여자가 장교가 되려면 국군간호사관학교에 들어가 간호장교가 되는 방법밖에 없었다. 아무리 생각해도 간호장교는 내 적성에 맞지 않았다. 특별한 꿈이 있던 것도 아니어서 결국 시험 점수에 맞춰서 대학을 선택했다. 1990년대 초반, 여자들의 이상적 직업 1순위는 교사였다. 사범대학 진학은 그렇게 단순한 이유로 이뤄진 결정이었다.

학과는 취업이 쉬운 영어교육과로 가기로 했다. 좋아하던 역사 과목을 택하고 싶었지만 취업이 어렵다는 이유로 선생님이 만류하셨다. 그렇게 적성이나 관심보다 취업이나 결혼을 고려해 선택한 학과 공부는 재미없었다.

3학년이 되자 학과 동기들은 모두 치열하게 임용고시를 준비하는데, 나는 여전히 진로를 고민하고 있었다. 내가 과연 선생님이 될 만한 사람일까? 진지하게 선생님이 된 내 모습을 머릿속으로 그려봤다. 지금도 어떤 일을 시작할 때마다 꼭 하는 방법인데, 내가 하려는 일이 과연 나에게 맞는지를 세밀하게 상상해보는 것이다. 그때 내 머릿속에는 이런 그림이 떠올랐다.

당시 여자들이 취업이 잘된다던 영어교육과에 진학했다.
자유와 낭만을 한없이 만끽할 수 있었던 시절.

'학교에서 제일 지독한 학생주임이 되겠지. 내가 담임하는 반의 아이들은 1등 반이 되기 위해 미친 듯이 공부하면서 인기는 없는데 성과는 좋은, 그런 선생님이 되겠지. 좀 더 나이 들어서는 교장 선생님이 될지도 몰라. 학교가 답답하다면 외부로 진출해서 장학사가 되는 방법도 있겠네. 그런데 그렇게 살면 나나 우리 반 학생들이 행복할까?'

도저히 그렇게 살 수는 없을 것 같았다. 나는 과감하게 교사의 길을 접고, 일반 기업의 문을 두드려보기로 했다. 전공을 살려 교육 관련 업무를 할 수 있는 곳, 교육 콘텐츠를 만드는 곳, 책을 만드는 곳이면 좋을 것 같았다. 예전부터 책 읽기를 좋아해 교육 출판 기업에서 일해보면 재미있겠다는 생각을 했다. 그래서 친구들이 모두 임용고시를 준비하던 그때 나는 전혀 다른 길인 기업 공채를 준비하기 시작했다.

자기 인식, 나는 어떤 사람이지?

앞으로 무슨 일을 하면 좋을까?

모든 일은 '인식'에서부터 시작된다. 미래를 그리고 준비하는 일도 마찬가지다. 지금의 나와 내 상태를 정확하게 인식하고 인정하는 것이 가장 중요하다. 그런 다음 내가 바라는 가장 멋진 그림을 상상하고, 그 시나리오에 맞춰 준비하면 된다. 지금 내가 뭘 해야 할지 모르겠다면, 자신의 현황을 파악해보면 도움이 된다.

내 상태를 제대로 파악했다면 그다음으로 내가 잘할 수 있는 일을 찾아본다. 마케팅에서 쓰는 SWOT(강점·약점·기회·위협 요인) 분석을 진로 찾기에 대입해서 빈칸을 채워가다 보면 방향을 잡는 데 도움이 된다. 내가 했던 SWOT 분석은 이랬다.

SWOT 분석 뒤 교육 분야 기업 가운데 여성을 선호하는 곳을 찾아보기로 했다. 방향이 정해지자 취업할 수 있는 기업이 한 손에 꼽힐 정도로 추려졌다. 그때부터는 다른 길을 두리번거리지 않았다. 하고 싶은 일, 잘할 수 있는 일을 찾았기 때문이다.

SWOT 분석은 진로를 정할 때 큰 도움이 된다. 모든 일은 인식에서 시작되고, 자기 자신을 잘 아는 것만큼 중요한 것이 없다. 그래서 지금도 나는 일하다가 막히면 종종 스케치북을 꺼내놓고 마인드맵을 그려본다. 생각을 정리하고 지금의 내 위치를 알고 나면 뭔가를 결정하기가 쉬워진다.

▍ 신입 사원 서명지, 배워야 할 때

W사의 공채에 합격해 첫 출근을 한 뒤 나는 줄곧 회사 다니는 게 즐거웠다. 일도 일이지만 돈을 번다는 것 자체가 정말 뿌듯했다. 내 힘으로 벌어서 내가 사고 싶은 걸 살 수 있다니! 매달 사고 싶은 물건의 목록을 만드는 일마저 행복할 지경이었다.

첫 달 월급은 100만원가량 나왔던 것으로 기억한다. 한 달 걸러 한 번씩 보너스도 나왔다. 돈을 벌게 되자 자신감이 생겼다. 진짜 어른이 된 것 같았고, 매달 받아보는 월급 명세서는 어른이 됐다고 인정해주는 증명서 같았다. 요즘은 월급 명세서를 회사 시스템에서 확인하지만, 그때는 인사팀이 일일이 출력해서 종이 명세서를 나눠줬다. 월급 명세서를 받아볼 때마다 너무 뿌듯해서 한참 들여다보곤 했다.

그때만 해도 여자가 일반 기업에 취업하는 게 쉽지 않았다. 그 어렵다는 공채 3기로 당당히 입사하고 보니 여자 선배들 대부분은 고졸 출신이었다. 당시 학습지 교육 사업이 처음 생겼을 때다. 현장에서 영업 구조를 짜고 교사들에게 교육이론을 강의하는 교육팀에 배치됐는데, 고졸 여직원들과의 형평성 때문에 대졸 여성 사원도 제복을 입고 다녔다. 당시 팀장님이 제복을 입고 강의하는 것이 회사원으로서 진정한 자부심을 느끼게 해준다고 설명했지만 여사원만 제복을 입는 문화가 별로 내키지 않았다. 그래도 하루하루 열심히 배우겠다는 마음으로 일에 몰두했다.

제대로 갖춰진 것이 없어서 해야 할 일도 많은 부서였지만 그래서 더 재미있었다. 요즘으로 치면 스타트업과 비슷한 성격의 신사업부였다. 예나 지금이나 경쟁자가 없는 게 경쟁력인 신사업부. 제대로 갖춰지지 않은 곳에서 일한다는 건 그만큼 성장의 기회가 많다는 뜻이고, 대기업이 아닌 중소기업에서 일한다는 건 다양한 일을 해볼 수 있다는 뜻이기도 하다. 내가 잘하는 게 뭔지를 알았기에 작은 회사에서 시작한 것이 오히려 나에게는 기회였다고 생각한다. 대기업과 중소기업을 비교하면 복지나 연봉에서 격차가 크다. 그 때문에 구직자들의 대기업 쏠림 현상이 생겨 중소기업에서는 늘 인재가 부족하다. 대기업과 중소기업에서 모두 일해본 나로서는 대기업이 무조건 모두에게 좋은 것도 아니고, 내가 얻고 싶은 게 무엇인지에 따라 선택지도 달라져야 한다고 생각한다.

대기업에서는 한 가지 직무에 집중해서 깊이 있게 배울 수 있고, 복지 혜택도 좋다. 그러나 업무가 한정되어 있어서 시간이 지나 조직에서 떨어져 나왔을 때는 할 수 있는 일이 별로 없다는 단점이 있다. 반면 작은 기업에서는 이 분야 저 분야 일을 다 해야 하고 보수는 적은데 책임은 크다. 대신 회사가 커갈수록 내 역량도 더 쌓이고, 두각을 보이며 성장할 기회도 늘어난다.

각자의 주관에 따라 선택이 달라지겠지만 나는 '용 꼬리보다 뱀 머리'가 되는 게 낫다고 생각하는 편이다. 각자 어떤 선택을 하든 자신의 방향과 속도가 정해졌다면 회사 규모는 그리 큰 변수가 되지 못한다.

닮고 싶은 선배, 어깨너머로 배우기

나는 운 좋은 신입이었다. 좋은 사수를 만났기 때문이다. 대졸 여성 공채 1기였던 그 선배는 인상도 좋고 발걸음이 통통 튀듯 가벼웠다. 업무 준비나 진행도 정말 칼같이 완벽했다. 그렇게 열정적으로 일하는 사수를 옆에서 지켜보면서 너무 부러웠다. '나도 문○○ 선배처럼 일 잘하고 인정받는 사람이 될 거야.' 한 살 차이밖에 안 났는데도 그 선배가 그렇게 믿음직하고 멋질 수가 없었다. 나도 그 선배처럼 되고 싶어서 선배가 하는 대로 보고 배우고 따라 했다. 그때 내가 터득한 일 잘하는 노하우는 롤 모델을 만드는 것이었다. 그래서 지금도 업무 역량 때문에 고민하는 후배들에겐 무조건 롤 모델을 찾아보라고 권한다.

입사 지원자 면접에서 내가 늘 하는 질문은 두 가지다. 장단기 비전이 무엇인지, 그리고 존경하는 사람이나 따라 하고 싶은 롤 모델이 있는지다. 뚜렷한 비전도 없이 막연히 시작한 직장 생활은 밥벌이에 불과하다. 목적지가 없는 차가 쓸데없이 길에서 배회하느라 시간과 연료를 낭비하는 것과 다를 게 없다. 비전에 대한 물음에 대답하지 못하는 지원자는 회사에 아무런 도움도 되지 않고, 별다른 기대도 할 수 없는 사람일 확률이 높다.

반면, 구체적인 롤 모델이 있는 지원자는 성장 발전 가능성이 크다고 할 수 있다. 닮고 싶은 사람을 이상형으로 정해 놓고 그의 생각이나 행동을 따라 하면서 자연스럽게 성장할 수 있기 때문이다.

살면서 어떤 사람을 만나느냐는 자기계발에 매우 중요한 요소다. 특히 좋은 선생님, 좋은 배우자, 좋은 친구를 만나는 것만큼 큰 복이 없다. 공부도 어떤 선생님에게 배우느냐에 따라 결과가 크게 달라진다. 하지만 무엇보다 분명한 것은, 모든 일의 결과를 만드는 요인은 결국 자기 자신이라는 사실이다. 아무리 좋은 사람이 옆에 있어도 내가 배울 생각을 하지 않으면 아무 소용이 없다. 선생님도 학생의 태도에 따라 열정이 달라진다. 모든 결정의 주인은 바로 나 자신이다.

1990년대 중반은 개인 과외 금지 조치로 학습지 시장이 폭발적으로 성장하던 시기였다. 우리 회사도 전국에 새로운 지국을 만들고, 교사를 뽑고, 교육 프로그램을 만들면서 정말 후회 없이 일했다. 매달 새로운 사람을 만나는 일이 즐거웠고, 선배들과 함께하는 시간이 너무도 소중했다.

흔히 여자의 적은 여자라거나 여자는 질투심 때문에 망한다는 말이 있다. 그러나 그런 말들은 고정관념에서 나온 것일 뿐 멋진 여자 선배는 오히려 후배들에게 든든한 의지가 되고 본보기가 된다. 그리고 겉으로 잘 드러나지 않을 뿐이지 겪어보니 남자도 질투가 많다. 사람은 누구나 질투심을 가지고 있다. 그것을 좋은 쪽으로 쓰면 무기가 되지만, 아무런 노력도 하지 않고 시기심만 품으면 그 칼은 결국 자신을 향하게 된다.

과외 금지 이후 학습지 사업이 활황기를 맞으면서 일이 정신없이 밀려들었다. 우리 회사가 신사업에 조금 늦게 뛰어든 탓에 매일매일 야근의 연속이었다. 그 무렵 신입 사원의 주된 업무는 복사였다. 예전에는 복사기 성능도 요즘 같지 않아 종이를 한 장 한 장 바꿔 끼워야 했고, 글자가 선명하게 나오도록 복사기 뚜껑도 꾹 눌러줘야 해서 여간 귀찮은 일이 아니었다. 복사 같은 자질구레한 일 말고는 신입 사원이 할 줄 아는 것도 없었지만, 나한테는 왜 매일 복사만 시키나 싶어서 대충 할 때도 있었다.

그러던 어느 날 저녁 10시 무렵, 다음 날 있을 교육 준비를 하느라 다른 층으로 복사하러 갔다가 뜻밖의 장면을 목격했다. 평소 존경하고 따르던 문 선배가 복사기를 끌어안다시피 몸으로 꾹 누르고는 노래를 부르고 있었기 때문이다. 복사된 교육안에 인쇄된 글자도 반듯하고 선명했다. '아… 이 밤에 복사기를 끌어안고 노래를 부르고 있다니…' 그 순간 복사도 일 잘하는 사람이 하면 다르다는 걸 깨달았다. 지겹고 하찮아 보이는 일까지도 그렇게 정성스레 즐거운 마음으로 하는 선배의 모습을 보고 참 많은 생각을 했다.

20대, 닥치는 대로 많이 해봐야 한다

그렇게 진취적이고 일 잘하던 문 선배는 대리로 승진한 뒤 얼마 되지 않아 육아와 남편의 지방 전근으로 결국 회사를 그만두었다. 지금은 조금 달라졌지만, 당시엔 출산 이후 직장을 그만두는 여자들이 대부분이었다.

마냥 즐거웠던 신입 사원이 청중 앞에서 강연하는 CEO가 되리라고 누가 생각했을까.

　선배는 떠났지만 일을 대하는 태도를 고스란히 배운 나는 하나라도 더 배우려고 노력했다. 시간 내어 교육 기획과 진행에 필요한 책들을 찾아 읽었고, 퇴근 후에는 진행 기술과 교육 기획 관련 자격증 수업을 들으러 다녔다.
　지금 들으면 좀 웃기는 이야기지만 그즈음 종로에는 PPT와 엑셀 실무를 가르쳐주는 학원이 더러 있었다. 그때만 해도 PPT나 엑셀 같은 프로그램은 신문물에 가까웠다. 학원에 다니며 OS(Operating System) 분야의 얼리어답터가 된 나는 주변 사람들에게 사용법을 알려주며 잘난 체를 했다. 나중에는 강연할 일이 많을 것 같아 배워두면 나중에 요긴하리란 생각에 레크리에이션 강사 자격증까지 땄다.
　내 일이 아닌데도 '내가 저 일을 한다면 어떻게 할까'를 늘 머릿속으로 상상했다. 옆 사업본부 선배들이 만든 기획서를 가져와서 그대로 따라 만들어본 적도 있었다. 현장에 나갔다가 경쟁사 출신 국장급 임원이라도 만나면 경쟁사에서 만든 자료와 교안을 얻어 와서 따라 써보기도 했다. 누가 시킨 것도 아닌데 직급별 교육을 기획해보거나 교육안을 만들어보며 시간을 보냈다. '내가 이 분야의 마타하리가 될 거야'라는 생각을 하면서. 이 일 저 일 다 맡아 했다는 스파이 '마타하리'를 요즘 청년들은 잘 모르겠지만 그때는 내가 다 '맡아 하리'하면서 '마타하리, 서명지'가 되겠다고 하면 듣는 사람들이 웃음을 빵빵 터트리곤 했다.

무슨 일이든 남이 시켜서 하면 재미가 없다. 반대로 내가 하고 싶어서 하는 일은 더 잘하고 싶어서 가슴이 뛴다. 나는 잘하고 싶었고, 잘하려고 공부하면서 닥치는 대로 열심히 했다. 그 결과, 중요한 일들이 하나둘 내 일이 되었다. 나 스스로 일을 잘한다고 생각하니 일이 점점 더 재미있었다.

글로 배우는 것도 중요하지만, 진짜 내 것으로 만들려면 현장에서 몸으로 배워야 한다. 나는 지금도 교육박람회처럼 고객을 만날 수 있는 자리라면 무조건 가서 고객을 만난다. 경쟁사 제품도 일일이 눈으로 확인하고, 고객이 좋아하는 제품이나 공간은 발품 팔아가며 찾아다닌다. 그렇게 직접 보고 묻고 느낀 것이 아니면 믿지 않는다. 무언가를 배우기에 가장 말랑말랑한 나이가 20대다. 그 나이 때 얻은 지식과 경험은 뼛속 깊이 새겨진다.

처음에는 책으로만 봐도 다 안다고 생각해서 자격증 따는 데만 골몰했다. 그러다가 현장에 나가 직접 고객 진단 테스트를 하면서 글로 배운 것으로는 한계가 있다는 걸 알았다. 현장은 책 속 세계와는 전혀 달랐다. 현장 직원들이 테스트 20건을 할 때 나는 겨우 5건 하기도 바쁠 때가 부지기수였다. 현장에 나간 지 얼마 안 됐을 때, 서투른 나를 뒤에서 비웃던 남자 후배의 목소리가 지금도 귀에 생생하다. 그때는 너무 부끄러워서 고개를 들 수가 없었다. 고객들이 왜 내 앞에만 오면 지겨운 표정을 지었는지도 깨달았다.

이론과 실제는 다르다. 고객을 직접 만나지 않고는 제품의 문제점을 발견할 수 없다. 글로도 배워야 하지만 실전에도 강해야 한다. 직접 해봐야 비로소 내 것이 되고, 많이 해본 사람을 이길 수 있는 사람은 아무도 없다. 일을 잘하고 싶고 성공하고 싶다면 많이 해보고 직접 체험해서 전문가가 되어야 한다. 현장에 나가 사람들을 만나고 열린 마음으로 듣고 배우며 무조건 많이 시도해보면서.

지금의 나는 20대에 치열하게 현장을 몸으로 겪은 시간의 결과다. 지금의 내가 장착한 경험치는 오랜 시간이 지나도 변하지 않을 것이다. 20대는 그만큼 중요한 시기다.

2005년, W사의 팀장이었을 시절 만들었던 고객 공간. 이때도 새로운 개념을 담은 공간을 만들기를 즐겼다.

2022년 서울국제유아교육전&키즈페어의 키즈스콜레 부스. 현장에서 고객을 만나는 일 보다 더 좋은 공부는 없다.

20대, 일단 저지르고 볼 것

"사랑하는 친구들아, 너만의 에메랄드 시티는 실제로 존재한단다.
그런데 도로시들아, 도로시들은 에메랄드 시티로
가는 길을 스스로 찾아야만 해.
현실에서 도로시들은 노란 벽돌 길을 스스로 만들어낸단다.
선택은 참 힘든 일이지. 어떤 선택이든 네가 책임질 일이야.
그런데 중요한 건 선택하느라 가만히 있지 말고,
하루하루 선택하고, 되풀이하고, 노란 벽돌을 깔아야 한다는 거야."
- 작가 킨드라 홀, 《히든 스토리》중에서

나는 결혼을 일찍 했다. 사랑하는 남편을 20대에 만나 결혼했고, 세상 무엇보다 소중한 아들도 스물아홉살에 낳았다. 아들은 내 인생의 힘이자 원동력이고 내가 존재하는 이유다. 어린 나이에는 불확실한 미래나 선택의 갈등으로 일과 사랑을 분리해서 생각하는 경우가 많지만, 나는 미완의 환경보다는 하나라도 안정적으로 뿌리를 내리고 일에 좀 더 집중할 수 있는 편을 선택했다.

연애와 결혼에 대한 내 생각은 뚜렷하다. 먼저 경험해본 사람으로서, 연애는 반드시 해야 하고, 결혼도 할 거면 빨리하는 것이 좋다고 생각한다. 그래서 20대 후배들을 만나면 결혼을 일찍 하라고 당부하곤 한다. 가끔 결혼을 굳이 해야 하느냐고 되묻는 후배도 있다. 그러면 안 하는 것보다는 무조건 하는 게 좋고, 이왕이면 더 빨리하는 게 좋다고 말해준다.

그러면 후배들은 자기 주변에서는 다들 집값도 비싸고 육아 문제도 심각하니 혼자 살든가 결혼을 되도록 늦게 하라고 조언한다고 말한다. 결혼으로 얻는 좋은 점도 많은데 그런 건 당연하다고 생각하면서 사람들은 왜 안 좋은 점만

부풀려서 생각하는지 모르겠다. 결혼은 인생에서 가장 중요한 동반자를 찾고 위기에 직면했을 때 확실한 내 편이 되어줄 사람을 만드는 일이다. '우리 편, 우리 팀' 말이다. 물론 아이 때문에 힘들기도 하지만, 아이가 생기는 순간 생기는 무한대의 사랑과 억누를 수 없는 기쁨은 나에게 가장 큰 재산이다.

요즘 젊은 친구들에겐 이런 말이 씨알도 안 먹힌다는 걸 잘 안다. 결혼 연령이 계속 늦어지고 저출산 문제가 심각한 사회 분위기만 봐도 알 수 있다. 하지만 이것저것 걱정이 많다 보니 어느 정도 기반을 마련한 다음에, 직장에서 자리 잡고 나서, 라고 하면서 결혼을 늦추는 친구들이 더러 있다.

걱정은 하면 할수록 해결책이 잘 보이지 않는다. 일단 시작하고 다음 길을 준비하는 것이 좋다. 무슨 일이든 시작하고 나면 자연스레 또 다른 선택지가 생긴다. 이것은 20대만이 아니라 일을 중단했다가 복귀하지 못해 경력이 단절된 다른 세대들에게도 똑같이 해주고 싶은 말이다. 일단 시작하고, 무조건 해보고, 그다음 길을 찾아야 한다. 작은 일이라도 한번 시작한 일은 독하게 해내자. 바로 그 경험이 이력서의 한 줄이 되고 다음 길을 찾아가게 해주는 도로시의 노란 벽돌이 된다. 내가 가려는 에메랄드 시티는 어딘가에 반드시 있다.

경제력 면에서도 혼자보다는 둘이 낫다. 함께 관리하고 꿈꾸며 어려움을 헤쳐나가다 보면 생각보다 일찍 경제적·사회적 자유를 누릴 수 있다. 이도 저도 아니게 늦은 나이에 결혼해서 발목 잡혀 아무것도 못 하고 답답해하기보다는 한 살이라도 젊을 때 확실히 해두고서 나를 찾아 나서야 한다.

실제로 늦은 나이에 결혼해서 마흔이 넘어 아이를 낳고 마흔 후반에 한창 활달하게 움직이는 아이의 체력을 감당 못 해 힘들어하는 동료나 친구를 많이 본다. 그러면서도 아이가 있다는 게 너무 행복하고 즐겁다고 말한다. 가족은 짐이 아니라 힘이다. 되도록 미루지도, 포기하지도 말자. 인생을 바꾸는 데 가장 중요한 세 사람을 꼽으라면 배우자, 선생님, 친구라고 했는데 그중에서도 가장 중요한 것은 배우자다. 배우자는 인생에서 가장 중요한 동료이자 친구고 전우다.

최근 통계 자료를 보면 남녀 모두 '결혼은 해도 그만, 안 해도 그만'이라고 답한 비율이 50%나 된다. 우리나라만큼 결혼과 출산이 늦고, 출산율이 급격히 낮아지는 나라도 드물다. 20~30대 젊은이들은 집 장만을 위해 돈 모을 걱정부터 하지만, 사실 그 나이에는 돈이 없다는 게 흠이 아니다. 아니, 돈이 없는 게 오히려 정상이다.

나도 그랬다. 신혼을 서울 신길동 빌라에서 4500만원짜리 전세로 시작했다. 설상가상으로 빌라 호수가 지하 층부터 잘못 매겨진 등기부등본상 오류로 나중에 전세금조차 돌려받지 못했다. 결국 세입자들과 오랜 시간 합동 소송을 해서 그나마 절반이라도 되돌려 받을 수 있었다. 그 경험으로 부동산 계약을 할 때는 신중해야 한다는 교훈을 얻었다.

돈도 혼자보다는 둘이 같이 벌면 부담은 덜고 조금 더디더라도 착실히 모을 수 있다. 그리고 한 살이라도 젊을 때 육아의 어려움에서 벗어나야 한참 달려야 할 중년에 제대로 실력 발휘를 할 수 있다.

20대에는 뭔가를 선택하기도 힘들고 주변을 둘러봐도 답답한 상황밖에 안 보이지만, 가장 소중한 자산인 '시간'만은 넉넉할 때다. 그 자산을 믿고 인생을 꾸준히 업그레이드할 수 있도록 좋은 태도와 습관, 그리고 무엇보다 중요한 '자신에 대한 긍정과 믿음'을 다지는 데 투자하는 것이 현명하다.

Key Advice

모든 것이 어려운 20대를 위한 조언

① 하나, 최고의 그림을 상상해라

무엇을 시작하기 전에 내가 하고 싶은 모습을 그려보고 나에게 적합한 일인지를 먼저 판단하자. 지금 내가 어떤 상황에 놓여 있는지, 나 자신과 현재를 정확히 인식하고 시작하는 것이 가장 중요하다. 그 후 내가 할 수 있는 가장 좋은 그림을 상상하고, 그 시나리오에 맞춰 준비한다.

② 둘, 여러 가지 일을 할 수 있는 직장을 찾아라

모든 것을 완벽하게 갖춘 곳만 바라보지 마라. 다 갖춰지지 않은 곳에서 일하는 것은 그만큼 성장의 기회가 많다는 것이다. 작은 조직에서는 내가 할 수 있는 역할과 책임이 크고, 성장 속도에 따라 내가 중심이 되어 성장할 수 있다는 장점이 있다.

③ 셋, 이상형을 정해 그 사람을 최대한 닮도록 노력해라

열정적으로 일하는 사람이 되고 싶다면 열정적인 사람을 찾아내라. 그리고 따라 해라. 내가 닮고 싶은 이상형을 정해놓고 그 사람의 생각이나 행동을 하나하나 따라 하다 보면 자연스럽게 성장한 자신을 발견하게 된다.

Check Check

나 지금 잘하고 있나요?

- ☐ 나만의 SWOT 분석으로 나의 강점과 약점을 논리적으로 설명할 수 있다.
- ☐ 주변에 본받고 싶은 롤 모델이 있고 그를 닮기 위해 노력한다.
- ☐ 하루하루 열심히 배운다는 마음으로 일에 몰두한다.
- ☐ 인생의 힘이자 원동력인 존재가 있다.
- ☐ 나에 대한 긍정과 믿음이 있다.

30대, 인내와 투자의 시기

▍무엇을 선택해야 할까?

집요할수록, 집중할수록 10년 뒤 결과가 달라진다. 아무리 해봤자 다 거기서 거기가 아닐까 생각하지만, 절대로 그렇지 않다. 30대에 얼마나 집중하고 노력했느냐에 따라 40대의 내 자리가 달라지고, 50대에는 그 차이가 더욱 벌어진다.

요즘은 학창 시절이 길어지고 입사 시기가 늦춰지면서 모든 시작이 예전보다 늦어져 20대보다 30대를 더 사회 초년생처럼 지내는 경우가 많다. 직장 정하기는 물론이고 내 선택이 맞는지, 결혼은 할지 말지, 아이를 가질지 말지. 수많은 선택의 기로에서 갈등하는 시기가 30대로 늦춰진 것이다. 한번 선택하면 끝나는 것도 아니고 그 뒤로는 더 큰 노력이 필요하다. 그래서 30대는 본격적인 고난의 길에 들어서서 참고 견뎌내야 하는 시기라고 할 수 있다.

수확보다는 투자해야 할 때

20대가 선택을 위해 무조건 시작하고 많이 해봐야 하는 시기라면, 30대는 선택한 일에 집중 투자하고 몰입해야 하는 시기다. 내가 일하는 영역에서 성과를 내야 하고, 전문가로 성장해가면서 만나는 사람들의 폭도 넓혀가야 한다.

이때 누구를 만나고 피하느냐는 정말 중요하다. 부정적인 사람은 반드시 피해야 한다. 생각은 말로 드러나고 그 사람이 내뱉은 부정적인 말이 내 생각까지 부정적으로 바꿀 수 있기 때문이다. 부정적인 사람은 피하고, 잘하는 사람이나 배울 수 있는 사람은 가까이해야 한다. 다른 영역의 사람과 폭넓게 교류하는 것도 바람직하다.

긍정적인 사람, 잘하는 사람을 만나는 것은 인생의 복이다. 그런데 놀랍게도 잘하는 사람들은 대부분 긍정적이다. 긍정 시나리오를 그리지 않는다면 잘할 수도 없다는 말이다. 잘하는 사람들은 확실히 다르다. 일하는 방법이나 생각하는 방법, 실행력이 남달라 잘하는 사람이 옆에 있는 것만으로도 긍정적 영향을 받는다.

하지만 그보다 더 중요한 것은, 그 만남을 통해 얻은 것들을 내 업무와 삶에 어떻게 연결할 수 있을지를 생각하고 실행하는 것이다. 일은 누가 하느냐에 따라, 누구와 함께하고 누구에게 배우느냐에 따라 성과가 달라진다.

몇 년 전 만성중이염을 앓고 고막이 소실되어 고실 성형술이란 수술을 받은 적이 있다. 1차 수술은 어느 종합병원에서 받았는데 친절하기는 해도 수술 뒤 몇 개월 동안 귀를 막아두게 해 놓고 별다른 조치가 없어 마음이 영 편치 않았다. 귀 뒤가 마비된 듯한 느낌이 들어 걱정이 됐지만 병원에서 괜찮다고 했으니 크게 신경 쓰지 않고 넘겼다. 그런데 3개월 후, 병원을 찾아 검사를 받은 결과 연골로 만든 고막이 녹아내려 재수술이 필요하다는 청천벽력 같은 말을 들어야 했다. 그런데도 병원에서는 정상적 의료 행위를 했고 실패 확률 5%에 해당하기 때문에 자기들 잘못은 아니라는 변명만 늘어놓았다. 수술 후에 호흡기에도 문제가 생겼는데 수술의 영향이 아니라는 말만 되풀이하는 것을 보니 화가 치밀어 올랐다. 그래도 달리 방법이 없다. 화를 내봐야 내 손해일 뿐이었다.

해당 병원에서 재수술을 권했지만 이미 신뢰가 무너진 곳에서 다시 치료를 받고 싶지는 않았다. 결국 그 분야 명의라고 소문난 다른 병원 의사 선생님을 찾았고, 1년 반을 기다려서 수술을 받았다. 그 병원의 수술을 진행하는 의료진은 정해진 프로세스에 따라 체계적으로 환자를 관리했다. 수술 후에도 1차 수술 실패로 불안해하는 나에게 "저는 수술실에 들어가진 않았지만, 저희 교수님이 워낙 잘하시는 분이라 오늘 수술도 분명히 잘됐을 거예요."라며 나를 안심시켰다. 그 말에 더욱 믿음이 갔고 잘 훈련받은 사람들에게서 뿜어져나오는 자신감도 느껴졌다.

퇴원 후에는 가까운 동네 병원에서 염증 관리를 할 수 있도록 따로 편지도 써주었다. 그렇게 섬세한 보살핌 덕분에 재수술 후 청각은 원래대로 돌아왔다. 다시 생긴 고막 덕분인지 그동안 겪었던 호흡기 문제도 완전히 사라졌다. 누가 하느냐에 따라 결과가 그렇게나 달라진다는 게 놀라웠다.

두 병원 모두 국내 유명 대학병원이었다. 병원 규모가 아니라 누가 하느냐의 문제였다는 말이다. 우리도 잘하는 사람, 잘하는 팀에 들어가서 배우고 함께 결과를 만들어내야 한다. 투입하는 시간이 같아도 잘하는 사람에게 배우는 것과 못하는 사람에게 배운 결과는 결코 같지 않다.

육아와 직장의 병행

30대는 사람과 시간, 업무, 그리고 공부에 투자해야 한다. 나 역시 아이가 초등학교에 입학하는 시기에 경영대학원에 입학했다. 초등학교 1학년이 되면 엄마도 초등학생이 된다. 우리 아이가 학교에서 잘 적응할지도 걱정이고, 유치원 때와 달리 아침에는 아이 등교를 돕느라 집에서 더 일찍 나서야 하니 아침 준비도 바빠진다. 유치원 때는 오후까지 있다가 돌아왔지만, 초등학교 1학년 때는 급식도 안 하고 집으로 돌아오니 아이를 돌봐줄 방과 후 교실이나 돌봄 교실도 알아봐야 한다. 그것도 정원 부족으로 내 마음대로 되지 않을 때가 많다. 워킹맘들이 가장 많이 일을 포기하는 때가 바로 이 시기다.

지금은 새벽 배송 시스템이 워낙 잘되어 있어서 급할 때마다 필요한 물건을 바로바로 구할 수 있고 웬만한 건 학교에서 다 챙겨주니 걱정이 없다는데, 우리 아이가 초등학생일 때만 해도 집에서 알림장 확인해서 준비물 챙기는 일을 일

일이 도와줘야 했다. 게다가 그런 물리적 환경이 아니더라도 아이가 학교라는 학습의 장에 들어간다는 것만으로도 엄마의 스트레스는 극에 달한다. 그래서 육아에 집중해야 하는 출산 직후부터 서너 살까지는 여자들에게 경력 단절 시기 다음으로 선택의 고통이 따르는 시기다.

바로 그런 시기에 대학원 과정을 먼저 마친 남편이 나에게도 대학원 진학을 권했다. 마침 회사에서 넥스트 리더 프로그램을 운영하면서 경영대학원에 진학할 수 있는 기회를 준 것이다.

일은 누가 하느냐에 따라 달라진다. 하지만 모두가 잘할 수 있는 방법도 있다. 표준화된 노하우를 모두가 적용할 수 있게 하는 것이다.

아이도 나도 가장 힘든 초등 1학년 때였는데 내가 과연 대학원까지 다닐 수 있을지 자신이 없었다. 하지만 남편의 격려와 응원 덕분에 아이와 함께 이 새로운 도전을 꼭 이뤄내보기로 마음먹었다.

육아와 직장, 대학원 공부까지. 쉽지 않았지만 선택의 순간에 나를 위해 최선의 길을 찾았고, 포기하지 않을 방법을 선택했다. 여자는 육아와 직장을 두고 양자택일을 고민한다. 그러나 그 잣대만 치우면 선택의 폭은 훨씬 넓어진다.

▌▌ 30대, 공부와 투자가 인생을 바꾼다

비록 좋은 성적을 받지는 못했지만, 재무와 회계 분야에 강하다는 한 대학원의 MBA 과정은 내 업무와 관계있는 회계, 재무, 마케팅, SCM(Supply Chain

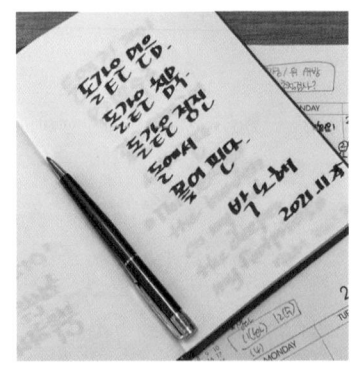

하고 싶은 일이 있다면 하루하루 절실하게 살아야 한다. 당장 내가 어떤 태도를 지니느냐가 미래를 바꾼다.

Management, 공급망 관리) 등은 꼭 필요한 것을 배울 기회였다. 그래도 공부가 마냥 즐거울 리가 있겠는가. 다만 학사 관리가 까다롭기로 소문난 MBA 과정을 반드시 끝내야겠다는 도전 의식이 발동하면서 공부에 흥미가 생겨 포기하지 않고 다닐 수 있었다.

경력 관리 정보 사이트에 들어가보면 국내 MBA 진학이 도움이 되느냐는 질문이 자주 올라온다. 어떤 문제나 마찬가지지만, 내가 어떤 태도로 학업에 임했느냐에 따라 결과가 달라진다. 나는 내 업무와 연관된 교과서의 경영 부분에 100% 몰입했고, 업무를 통해 직접 복습까지 하게 되니 전문성을 얻었다는 자신감이 생겼다. 좋은 환경은 아니었지만 그것 때문에 오히려 더 집중하려고 애쓰면서 더 많은 것을 얻었으니, 불리한 환경이 꼭 나쁜 것만은 아닐 수도 있다.

나는 대학원 공부로 전문성이라는 자산뿐 아니라 다른 영역의 사람들을 만나는 기회도 얻었다. 대학원 동기들과는 지금도 자주 교류하면서 서로의 성장을 응원하며 큰 힘이 되어주고 있다. 특히 그때 만난 여전사들은 지금 각 기업의 임원이 되어 서로에게 엄청난 자극제가 되어준다. 어느덧 서로를 응원하며 취미 활동까지 함께하게 된 우리는 회사가 맞닥뜨린 어려움이나 여성 임원으로서 겪는 문제들을 털어놓으면서 감정적으로 호응해주는 동지가 되었다.

남자 동기들도 그들 나름의 시각으로 여자들이 회사에서 성장해가는 데 필요한 부분을 조언해줘서 큰 도움이 된다. 그들을 만나면 업무에 직접적 도움을 주지는 못하더라도 이종 업계의 이야기를 통해 내 시각이 넓어지는 걸 느낀다. 게다가 각자 자신의 분야에서 성장해온 성숙한 어른 친구들이 생겼다는 건 나에게 또 다른 즐거움이다.

30대에는 스스로 자신에 대한 중간 평가를 해보고, 필요한 부분에 집중 투자를 해보자. 공부가 필요하면 공부에 투자하고, 사람이 필요하면 사람을 보강해야 한다. 무엇보다 중요한 것은 내 업무 영역에서 성과를 만들어내는 일이다. 내가 되고 싶고 하고 싶은 일을 꿈꾸고 있다면 하루하루 집중해야 한다. 30대는 시간과 노력은 물론이고, 돈도 들여야 하는 투자의 시기라는 점을 잊지 말아야 한다. 내가 투자한 만큼 내가 그리던 모습에 더 가까워져 있다는 걸 어느 순간 문득 느끼게 될 테니까.

몸값은 스스로 높여야 한다

나는 나와 내 아이를 위해 화려하고 멋지고 당당하게, 그리고 무엇보다 잘살고 싶었다. 하지만 나는 금수저가 아니다. 그래서 할 수 있는 노력이 열심히 일하는 것 외에는 없었다. 대한민국 보통 여자가 잘 살기 위해 선택할 수 있는 길이 뭐 그리 많겠는가.

30대는 내 몸값을 올리기 위해 공부해야 하는 시기다. 공부할 때도 내 일에 관련된 공부를 하면 2배, 3배의 효과를 낸다. 이 무렵 '자기 주도 학습'의 효과를 절실히 느꼈다. 필요해서 하면 공부의 능률이 오른다. 그래서 아이들의 공부도 자기 주도로 할 수 있도록 설계되어야 한다고 믿는다. 교육 사업을 하는 CEO로서도 그런 가치관을 사업에 담아낸다. 어른도 다르지 않다. 아무리 시작이 늦었더라도 일단 작은 변화가 시작되면 가속도가 붙는다. 성과가 더 빠르게 나타난다는 뜻이다.

일하면서 대학원에 다녔고, 공부를 통해 배운 지식은 실무에 적용하면서 업무 성과를 끌어 올렸다. 성과가 나오면 짜릿한 쾌감을 느꼈다.

30대의 공부와 투자가 인생을 바꾼다. 업무에 들인 시간과 노력은 곧바로 성과로 이어지기에 내가 잘할 수 있는 업무 영역이나 직무에 적극적으로 도전할 필요가 있다.

회사에서 처음 맡은 업무는 교육 파트였다. 교육 파트에는 대개 여자들이 많다. 30대의 나는 다른 업무 영역도 다양하게 경험했다. 혁신 프로젝트, 지원, 마케팅, 전략, 영업 관리 등 여자들이 많이 하지 않는 업무 영역에 계속 도전한 것이다. 도전하고 성과를 내는 과정의 반복이 지금의 나를 만들었다. 집중하면 성과가 나오고, 새로운 영역에 도전하면 내 지식과 능력도 그만큼 늘어난다. 결과적으로 거기서 거둔 성과와 공들인 시간이 내 몸값을 올려주는 무기가 됐다.

언젠가 우리 회사 30대 직원이 자기가 회사 업무 이야기를 하면 사람들이 관심 있게 듣지 않는데, 주식이나 골프·부동산·와인 같은 이야기를 하면 다르게 본다는 말을 한 적이 있다. 그 직원을 보며 남들이 알아봐주는 것에 왜 신경을 쓸까 싶었다. 남들이 알아주고 멋있게 봐준다고 달라지는 게 과연 있을까? 사람들은 대개 눈앞에서는 관심을 보이며 맞장구치지만 실제로는 남에게 관심이 별로 없다. 나를 진정으로 멋있게 만들어주는 건 오로지 내 노력으로 만들어낸 공부, 사람, 성과밖에 없다는 걸 기억해야 한다.

▌▌ 현생현사, 현장에서 얻는 영감과 에너지

"모든 사건은 현장에서 일어난다."
- 영화 〈춤추는 대수사선〉 중에서

일을 대할 때 내 장점은 처음부터 안 될 거란 생각을 하지 않는다는 것이다. 교육 기획을 했을 때도, 현장 혁신 프로젝트를 맡았을 때도 그랬다. 내가 30대에 다니던 W사는 전국에 퍼져 있는 영업 지사를 통한 도서 판매로 성장한 회사였다. 그런데 학습지 사업이 성장하면서 후발 주자인 K사는 오히려 승승장구하는데 우리는 그간 회사의 성장을 주도해온 도서판매사업본부에서조차 이익을 내지 못하고 있었다. 제품도 오래됐고 판매 방식도 낙후된 데다 서비스 방식까지 뒤떨어지다 보니 매출은 나날이 급감했다. 나이 든 판매 인력, 구태의연한 판매 리더로는 돌파구를 찾기 어려워지자 아예 사업 중지까지 거론하는 상태였다. 나중에 들어보니 당시 상황이 그 정도로 심각했기 때문에 마지막으로 해볼 수 있는 건 다 해보자는 의미에서 대대적인 판매 인력 구조개혁과 판매 방식의 변화를 꾀할 기회가 나에게 생긴 것이다.

무슨 일이든 누가 하느냐에 따라 다르고, 똑같은 일도 누구는 잘하고 누구는 못한다. 나는 잘할 방법이 있다고 생각했고, 그 답은 항상 사람에게 있다고 믿었다. 모두가 잘할 수 있는 노하우를 표준화해주면 전국 영업 지국들이 다 잘할 수 있을 거라고 확신했다. 당시 전국에서 운영을 가장 잘한 곳이 전남 여수, 순천 지국이었다. 이제껏 그 지역에서 고객을 만나 상담해온 방법을 전국적으로 표준화하면 길이 보일 것 같았다.

당장 현장으로 내려갔다. 현장 사람들을 따라다니며 그들이 일하는 방식을 배우고 모았다. 당시 유·초등 도서 판매 사업에서 1등을 달리던 K사 영업 사무실에 도서 구매 상담을 받는다는 핑계로 잠입해 보았다. 판매 직군 교육을 어떻게 하는지 알아내기 위해 교육에도 참여했다. 불본 경쟁사 책도 잔뜩 샀다. 그것도 모자라 당시 한창 잘나가던 네트워크 비즈니스 회사인 암웨이의 시상식이나 사업 설명회도 가봤다. 새로운 보험 판매 방식으로 업계를 뒤흔들던 푸르덴셜 보험사에도 초대받아 수수료 설계 내용과 제품 설계, 상담 방식을 배웠다.

어떤 일을 잘할 수 있는 비법을 찾을 때, 같은 업계보다 오히려 이종 결합이나 다른 영역의 좋은 부분을 연결하고 융합해 만들어내는 새로운 방법이 성공하는 경우가 많다. 그때도 마찬가지였다. 책상에 앉아서 머리로만 짜낸 해결책에는 생명력이 없었다. 우리는 남이 잘하는 방식과 우리 현장이 소화할 수 있는 내용을 결합해 우리가 가장 잘할 수 있는 우리만의 혁신 방법을 만들어냈다. 그렇게 해서 모든 지국에서 따라 할 수 있는 판매 프로세스가 만들어졌고, 현장 혁신 프로젝트가 완성되었다.

그 뒤 3개월 동안 다른 지역에 실제로 적용해보는 파일럿 테스트를 거쳤다. 우리 현장에 적합한지, 전국 확산이 가능한지를 현장의 업무 흐름을 보면서 직접 확인하기 위해서다. 그때 밤새워 일하던 팀원이 피로로 쓰러지는 일도 벌어졌다. 그래도 우리는 포기하지 않고 팀 전체가 2시간 넘는 거리를 출퇴근하면서 끝까지 매달렸다. 다른 현장에도 적용할 수 있는지, 고객에게 맞는 프로세스와 상담법인지 철저히 검증했다. 모두 함께 노력한 결과 전국 지국에 획기적 변화가 나타났고, 이는 곧바로 성과로 이어졌다. 덕분에 아예 문 닫을 위기까지 갔던 사업본부도 활기를 되찾아 다시 회사의 주력 본부로 자리매김했다.

20~30대에게는 젊은이다운 패기와 열정이 있다. 성장 잠재력도 가장 큰 나이여서 하겠다는 마음만 있다면 무한 잠재력은 곧바로 성장으로 연결된다. 그때 함께했던 친구들은 정말 유능했고, 일일이 말하지 않아도 자기가 할 일을 스스로 찾아서 했다. 모두 20~30대 초반이었다. 지금은 그들 모두 우리나라에서 내로라하는 교육업계의 중추 역할을 하고 있고, 일하다 쓰러졌던 친구 역시 한 기업의 임원으로서 자신의 역량을 한껏 뽐내고 있다.

그때 전국 현장을 두루 다니며 함께 뛴 덕분에 20여 년이 지난 지금까지도 나와 함께하는 내 사람들이 생겼다. W사를 떠나 '키즈스콜레'라는 브랜드를 만들 때 새 사업의 근간이 되어준 것도 그때 전국 현장에서 만난 사람들이었다. 우리는 "남자는 미모, 여자는 의리"라는 구호를 외치면서 아무것도 없던 맨땅에다 새로운 브랜드를 내걸고 고객을 만날 공간을 만들었다. 그리고 지금도 여전히 책을 통해 아이들의 인생 습관을 만들자는 가치를 드높이고 있다.

옛날이나 지금이나 답은 현장과 사람에게 있다. 지금도 사무실에서 숫자만 보고 있으면 답답하기만 하고 답은 안 나온다. 그런데 현장에 나가서 사람들과 이야기하다 보면 몸은 좀 힘들어도 희망이 생기고 왜 안 되는지, 어떻게 해야 할지 답

섞이면 특별해 진다. 키즈스콜레 라운지는 북카페와 키즈카페, 문화센터의 특징을 담은 복합문화공간으로 기획됐다.

이 보인다. 힘들어도 계속해야 할 이유를 깨닫게 되는 건 덤이다.

키즈스콜레는 매일 한 권의 책을 엄마 아빠와 함께 읽고 '백일독서'라는 시스템을 통해 독서 습관을 만들어가도록 하는데, 그 과정에서 아이와 가족이 달라지는 모습을 발견한다. 그들과 만나 이야기 나누다 보면 앞으로 우리가 가야 할 방향도 좀 더 구체적으로 그려진다. 그래서 내 에너지의 원천은 '사람과 현장'이라고 자신 있게 말할 수 있다. 힘들고 어려울 때도 있지만 나를 다시 일으키는 힘은 항상 '사람과 현장'에 있다.

▮▮ 일을 그만둬야 하나?

자폐는 평생 자기 속에 갇혀 지내는 불치병, 환경오염으로 급증한 병, 행동요법

으로 정상화가 가능한 병, 해독 요법으로 완치 가능한 병, 부모의 잘못으로 생기는 병 등 여러 가지로 정의된다. 그런 정의가 계속 인용되고 있는 지금, 우리나라에만 20만 명의 자폐성 발달장애인이 있다.

'자폐성 장애'는 1940년 미국으로 건너간 소아정신과 의사 레오 카너^{Leo Kanner}에 의해 처음 명명되었고, 자폐를 연구한 한스 카를 아스페르거^{Hans Karl Asperger} 사후인 1980년대부터 알려진 개념이다. 아스페르거는 심리학자로 유명하지만 자폐인들을 살아야 할 자와 죽어야 할 자로 분류하는 일을 해서 나치에 협력한 사람이라는 사실이 훗날 밝혀졌다. 죽어야 할 자라니….

2022년 여름 가장 뜨거운 반향을 불러일으킨 드라마라면 박은빈 배우가 주인공으로 열연한 <이상한 변호사 우영우>일 것이다. 나도 정말 재미있게 봤지만, 현실은 그렇게 즐겁고 낭만적이고 희망차지만은 않다. 드라마는 희망적인 내용으로 마무리되었고 자폐성 발달 장애에 관한 사회적 관심도 커졌다. 가장 현실에 가까운 건 3회 차 에피소드였다. 자살하려는 명문대생 형을 말리려다가 살인 누명을 쓰고 재판을 받게 된 자폐성 발달 장애 동생의 이야기였다.

예쁘게 잘 웃는 내 아가, 왜 말을 안 하지?

우영우처럼 천재성이 있는 자폐인은 실제로 그리 많지 않다. 오히려 대부분은 정상적인 활동을 할 수 없는 사람들이다. 경증 장애인이 범죄나 사기에 당하는 경우도 많고, 보호소나 장애인 시설에서 장애인을 이용해 돈을 벌면서 학대하는 사례도 뉴스에서 심심치 않게 볼 수 있다. 지금도 발달 장애인을 보면 무서워하는 사람이 태반이고, 큰 병이라도 걸린 사람 대하듯 피하거나 싫어한다. 예전 같으면 장애인이 나오는 드라마는 아예 볼 생각도 하지 않았을 텐데, 그래도 그때보다는 나아졌다는 걸 위안 삼아야 하는 건지…. 어쨌든 드라마의 재미는 별개로 나는 마음이 무척 불편했다. 내 아이에게 장애가 있다는 게 다 내 탓 같아서 늘 마음 아프다.

　결혼후에 나는 회사에서 인정받고 싶어서 평가와 승진 기간을 고려해 임신과 출산을 계획했다. 평가자에게 배부른 모습을 각인시키기 싫었기 때문이다. 지금 생각하면 참 지독하게 살았다는 생각도 들지만, 여자가 승진하기가 쉽지 않았던 그때는 달리 방법이 없었다. 다행히 지금은 임신한 여자가 일하는 것을 불편한 시선으로 보는 문화가 전과 같지 않다. 이런 시절이 오기까지 선배들이나 회사, 정부가 노력한 결과일 것이다.

　나는 계획대로 임신했고 임신 기간에도 평소 못지않게 열심히 일했다. 아이를 낳고 출산휴가가 끝난 뒤에는 망설이지 않고 복귀했다. 일을 그만두고 싶지 않았고, 육아는 양보다 질이라고 생각했다.

　여자들이 인격적으로 크게 변화하고 성장하는 두 번의 계기가 있다. 결혼과 출산이다. 결혼은 다른 환경에서 자란 두 사람이 한 가정을 이루면서 두 사람에게 연결된 모든 인생이 오는 엄청난 일이다. 결혼 생활을 통해 상대를 배려하는 삶의 태도를 배운다. 그리고 아이를 낳은 뒤 다시 한번 크게 성장한다. 한 인생에 대한 책임감은 무겁지만 오히려 그만큼 사람을 성장하게 하는 동력이기도 하다.

　젊은 친구들을 보면 사랑도 결혼도 출산도, 여자이며 사람으로서 할 수 있는 일은 무엇이든 하는 편을 택하라고 권한다. 어렵고 힘들어도 그것이 어른으로 성장하는 기회기 때문이다. 나도 그 두 가지 일로 크게 성장했다.

　결혼한 지 3년 만에 기다리던 아이가 생겼다. 정말 잘 웃는 아들이었다. 달덩이처럼 하얀

내 사랑, 내 애인, 내 보물, 귀염둥이. 과정이 힘들고 어렵다고 해서 가장 소중하고 행복한 경험을 못 하게 되는 건 아쉽지 않은가.

고 잘생긴 아기는 울지도 않고 언제나 방싯방싯 웃었다. 문제는 지나치게 많이 웃는다는 점이었다. 그런데 말을 해야 할 때가 되었는데도 말이 없었다. 왜 이렇게 말이 늦을까? 동네 소아과에 갔더니 남자아이들은 대부분 좀 늦는 편이라며 걱정하지 말라고 했다. 그래도 발달 단계 자료를 보니 너무 늦는 것 같아 불안한 마음에 대학병원에 가보기로 했다.

검사 결과, 36개월 된 아들은 자폐성 발달 장애라는 진단이 나왔다. 나이 지긋한 의사 선생님은 아이가 이렇게 된 게 다 엄마 잘못이라고 했다. 그 말은 하늘이 무너지는 것만큼 끔찍한 충격이었다. 지푸라기라도 잡는 심정으로 대학병원 두 곳에서 다시 검사를 받아봤지만 결과는 똑같았다. 더는 피할 수 없는 결과였고, 받아들이기에는 너무 큰 상처였다. 그렇게 굳세 보이던 남편도 아이 의 일 앞에서는 나약한 아빠일 뿐이었다.

▌▌ 양자택일 프레임 벗어나기

당시 나는 현장 프로젝트의 성공으로 회사에서 인정받으며 계획한 대로 한창 경력을 쌓아가던 중이었다. 하지만 아이가 자폐 진단을 받게 되니 일을 그만두어야 할지 너무 고민스러웠다. 예쁘게 웃는 아이 얼굴을 보면 마음이 더 아팠다. 내가 너무 바빴던 탓일까? 임신했을 때 일을 너무 많이 해서 그런가? 이 모든 걸 다 포기해야 하나? 그럼 이제껏 쏟아부었던 내 노력의 결과는 뭐지? 그런 고민에 빠져 있을 때 힘이 된 사람은 남편이었다. 둘이 함께 노력해서 아이에게 좋은 환경을 만들어주자고, 일을 그만둔다면 당신이 행복하지 않을 것 같다고….

우리 삶에서 누리는 큰 복 중 하나가 좋은 배우자를 만나는 것이다. 사람들은 흔히 농담처럼 "남편은 남의 편"이라고 말한다. 하지만 정작 어려움이 생겼을 때 오롯이 내 편이 되어주는 사람은 결국 배우자다. 곁에 있을 때 사랑한다는 말 한 번이라도 더 해주고 평소에도 소중히 대해야 하는 유일한 사람이요. 가깝다는 이유로 함부로 대하면 안 되는 내 편이다.

나는 남편의 응원을 등에 업고 남들 눈에는 모성애가 부족한 엄마로 보일 수도 있는, 일하는 엄마의 길을 택했다. 그게 그렇게 이기적인 결정이었을까? 지금도 가끔은 그때 일을 그만두고 아이 곁에 있어줄걸 그랬나 생각할 때가 있다. 하지만 다시 그때로 돌아가도 내 선택은 달라지지 않았을 것이다. 매일 아이와 함께 치료실을 다니면서, 또 복지관에서 만나는 수많은 다른 자폐 아이들을 보면서 과연 나는 행복했을까? 나의 희생이 아이를 더 행복하게 해주는 유일한 방법이었을까. 아니었을 것이다. 생기지도 않은 수많은 일을 미리 걱정하고 또 걱정하느라 나는 더 불행했을 것이다.

경제적 이유도 컸다. 지금은 국가 지원이 전보다 늘어나 잘 찾아보면 아이를 돌봐주는 도우미 선생님부터 치료비 지원까지 소득수준에 따라 받을 수 있는 혜택이 많다. 동네마다 치료실도 많고 기업의 육아휴직 제도 역시 전보다 좋아졌다. 하지만 당시에는 집 근처에 자폐 아이를 받아줄 어린이집조차 거의 없었다. 그때 만약 집에 들어앉았더라면 아이를 오롯이 나 혼자 돌봐야 했고 한 번에 4만~5만원이나 하는 장애 치료비도 감당하기 어려웠을 것이다.

이기적인 엄마라는 오해

나는 아이에게 언어, 인지, 음악, 미술, 운동, 감각 치료까지 다 해주고 싶었다. 하지만 치료를 받으려면 오래 순서를 기다려야 하는 것이 너무 많았다. 게다가 치료비만 100만원에 가까워서 남편 혼자 버는 돈으로는 부모가 해줄 수 있는 게 별로 없었다. 나는 아이에게 조금이라도 도움 되는 치료라면 뭐든 다 해주고 싶었고 공부도 제대로 시키고 싶었다. 또 내 일을 열심히 하면서 나도 성장하고 싶었다. 일을 '한다, 안 한다'하는 양자택일의 프레임에서 벗어나 일을 하면서 나도 성장하고, 아이도 잘 키울 방법을 찾기로 했다. 전문 지식도 없는 내가 아이를 붙들고 가르치는 것보다 전문 교사들에게 맡기는 편이 더 낫기도 했다. 그런 고민 끝에 나는 내가 잘하는 걸 하기로 마음먹었다.

내가 직접 전문적인 치료는 못 하지만 일해서 얻은 경제적 여유로 아이에게 필요한 전문 케어는 다양하게 받을 수 있었다. 발달 장애 카페를 통하면 오래 기다리지

세상에서 가장 사랑하는 둘. 여자로서,
사람으로서 할 수 있는 일은
무엇이든 해보라고 조언한다.
내가 진정으로 성장할 수 있는 계기라고.

않아도 당장 집으로 와주는 '홈티'를 연결해 일대일 치료도 받으니 아이를 이리저리 데리고 다니느라 생기는 스트레스도 막을 수 있었다. 자폐인 아이를 두고 일하러 다닌다며 이웃 엄마들이 싸늘한 시선을 보내기도 했다. 하지만 누가 어떻게 보든 그게 무슨 대수인가. 오히려 내가 번 돈으로 아이에게 더 좋은 교육을 받게 해준다는 위안이 컸다.

지금도 나에게 가장 큰 힘이 되어주고 아이에게는 큰 우산 같은 친정 부모님의 도움도 컸다. 덕분에 아이는 주변의 사랑을 더 많이 받고 자랐다. 여성 직장인이 육아를 하며 일할 수 있는 토대를 닦는 데 친정 부모만 한 분들이 없다. 그래서 대한민국은 친정 부모가 이끈다는 말도 생겼는데 전적으로 공감한다. 감사한 만큼 그래서 더 번듯이 살아내기 위해 일했고, 후회는 없다.

자폐인 아들은 사람들과 눈 맞추는 걸 힘들어 하지만 선생님들에게 사랑받

으며 조금씩 달라졌다. 말을 못 할 거라는 예상과 달리 많은 분의 도움으로 일곱 살 되던 해 겨울에 마침내 입을 열었다. 비록 짧은 반향어 중심이었지만, 말하기 시작했다는 사실이 중요했다. 반복 또 반복해서 가르친 끝에 초등학교 1학년 때는 한글도 읽게 되었고 글자까지 또박또박 예쁘게 써냈다.

자폐성 발달 장애가 있는 아이를 키우는 부모들 마음은 다른 사람들이 절대 이해하지 못할 아픔이다. 단 하루라도 아이보다 더 오래 살게 해달라고 기도할 만큼 그들의 마음은 간절하다. 나도 다르지 않다. 그렇지만 달팽이처럼 너무도 천천히 자라는 이 착한 아이 덕분에 살아낼 수 있었고, 이 아이가 힘이 돼서 아무것도 포기할 수 없었다. 달팽이처럼 느리게 느리게 자랐는데도 아이는 어느새 나보다 키가 머리 하나만큼 더 크다. 듬직한 청년이 된 지금도 예쁘게 웃어주고 애교도 부린다. 무거운 짐도 들어줄 줄 알고, 언제나 나를 반기며 안아주는 내 인생의 보물이고 비타민이고 사랑이다.

▍고난을 무시하고 Keep Going

대한민국 보통 여자들이 성장하려면 최선을 다해 일해야 한다. 실제로 이제까지 내가 본 여자 임원들은 모두 독하고 성실하게 일하며 성장해서 성과를 낸 사람들이었다. 단 한 명도 인맥이나 운이 좋아서 올라간 사람은 없었다. 그것이 현실이다.

나 역시 30대에는 정말 독하게 일했다. 그 덕분에 눈에 띌 만한 성과도 낼 수 있었다. 특진을 세 번 했고, 우수사원상과 그룹 최고 인재상도 받았다. 마침내 30대 최연소로 매출 2700억원을 기록하며 첫 여성 사업본부장 자리에도 올랐다. 독하게 일한 결과에 약간의 운이 따라준 덕분이었다. 모두가 그렇게 일해야 한다는 말이 아니다. 오히려 너무 빠른 성공이 좋은 것만은 아니라고 말하려는 것이다.

빠른 도약은 그만큼 많은 적을 만든다. 성과를 만드는 과정에서 사람들에게 상처 주는 일이 많기 때문이다. 평균 속도로 올라가더라도 나중에 더 크게 성장하는 사례도 많다. 괜히 욕심만 앞서서 너무 속도를 낼 필요는 없다는 말이다.

지금도 후회되는 일이 있다. 학습지 사업 특성상 여직원 수가 많고 중요 업무를 맡은 여자 관리자도 많았다. 그런데 그들이 비슷한 시기에 연이어 출산휴가를 간 적이 있었다. 큰 책임을 맡은 나로서는 팀원들의 출산휴가가 마뜩지 않았다. 그때 남자 상사였다면 그렇게 대놓고 독하게 말하지는 않았을 텐데 나는 같은 여자라서, 나도 아이 키워본 엄마라서 그들에게 모진 말을 아무렇지 않게 내뱉었다. 한꺼번에 출산휴가를 가면 어떡하냐고, 빨리 업무에 복귀하라고 다그친 것이다. 지금 생각하면 부끄럽다. 어딘가 있을 그들에게 지금이라도 미안하다고 말하고 싶다.

힘들고 어려웠지만 결혼과 임신, 출산은 나에게 가장 소중하고 행복한 경험이고 투자였다. 그런데 남녀를 막론하고 후배들은 모두 이런 말을 해주는 선배가 아무도 없다고 한다. 도리어 힘들고 어려우니 그냥 혼자 살기를 택하고, 이왕이면 결혼이든 임신이든 늦게 하라고 권한다. 하지만 내 생각은 다르다. 나이 쉰을 넘고 보니 내 가족, 내 아이, 내 사람들과 함께하는 기쁨과 심리적 충족감이 얼마나 크고 큰 동력이 되는지 새삼 느끼고 있다.

불과 15년 전만 해도 동네 안에 있는 어린이집은 손에 꼽기도 힘들었다. 지금은 육아 환경이 예전과는 비교할 수 없을 만큼 좋은 편이다. 장애인 복지도 마찬가지다. 우리 아이가 처음 장애 판정을 받았을 때와 지금은 사정이 완전히 다르다. 특수학교도 부족하고 장애에 대한 인식도 여전히 부족하지만 동네마다 발달 장애 치료실이 있고, 국가에서 주는 장애 지원도 많아졌다. 부족하다고 생각하면 한없이 부족하지만, 우리 아들이 어렸을 때와 비교하면 정말 하늘과 땅 차이다.

그런데도 힘들고 어렵다고 모두가 결혼과 출산을 포기한다면 어떻게 되겠는가. 기독교인인 나는 종교적 믿음도 크다. 하나님이 세상 모든 곳에 계실 수 없어서 보낸 사람이 '엄마'라는데, 그 소중한 역할을 포기하는 건 안타까운 일이다.

나는 어려운 사회적 여건에서도 일을 포기하지 않았고, 업무에서 좋은 성과도 거뒀다. 새벽부터 밤까지 몸은 고단해도 일이 재미있어서 가슴이 뛰었다. 현장을 날아다녔고, 회사 동료나 선후배들의 인정을 받으면 우리 팀이 최강이라는 뿌듯함에 늘 자신감이 넘쳤다. 현장을 뛰어다니며 내가 찾아낸 답은 결과를 배신하지 않았고, 그렇게 함께하는 사람들과 회사에서 가장 오래된 사업본부의 현장 혁신을 이끌어내 최연소 여자 사업본부장이 될 수도 있었다. 든든한 친구이던 남편과 무엇보다 소중한 아들이 있었기에 가능했던 일이다.

지금 내가 30대 여성 후배들을 만나면 해주고 싶은 말은 주변 여건 탓하며 커리어를 중단하지 말고 자신만의 속도를 정해 조금씩이라도 성취하라는 것이다. 임신과 출산, 평가, 승진, 대학원 진학까지 단번에 된 것은 없지만 계획을 세우고 하나씩 해나가면 결국에는 원하는 지점에 도달한다. 부부가 함께 계획을 세워 서로 성장하는 방법을 찾기도 해야 한다. 어느 한쪽이 일방적으로 희생한다는 생각은 옳지 않다.

▍내가 잘하고 있는 걸까?

여자들은 계속해서 자기 자신에게 묻는다. '내가 지금 잘하고 있는 걸까?' 여자들이 일을 계속할지 말지를 고민하며 이런 질문을 가장 많이 하는 나이기

30대다. 만약 지금 스스로 그런 질문을 품고 있다면 그 사람은 잘하고 있는 거라고 답해주고 싶다. 그런데 남자가 이런 질문을 하는 건 단 한 번도 본 적이 없다. 그런데 왜 유독 여자들만 이런 고민을 할까? 혹시 돌아갈 곳이 있다는 생각 때문이 아닐까? 그게 아니라면 가족의 생계가 오로지 내 책임이 아니라는 조금은 의존적인 마음 때문은 아닐까.

여자들의 경력 단절은 30대, 출산 이후가 가장 많다. 아이가 어린이집에 갈 나이가 되기 전까지는 도우미 선생님을 구하지 못해서, 아이 양육을 남에게 맡길 수가 없어서, 내 아이만 안쓰럽게 어린이집에서 엄마를 기다리는 모습을 보는 게 가슴 아파서, 또는 자신의 성장만 바라는 게 이기적인 것 같아서 등 이유는 다양하다. 상황이 그렇다 보니 차라리 육아에 집중하겠다며 많은 엄마가 회사를 그만둔다.

그래도 멈추기보다는 계속하고, 이왕이면 조금 힘들어도 이겨낼 방법을 찾아보자는 것이 나의 주장이다. 정말 어쩔 수 없어서 그만두었더라도 얼른 다시 직장으로 돌아올 것을 권하기도 한다. 이런 말을 하면 '여자 꼰대'라고 비웃을 수도 있다. 하지만 지금 여자 직장인이 누리는 환경은 선배들이 열심히 일하며 쌓은 노력의 결과물이다. 많은 이가 노력하고 싸운 덕분에 여자들의 근로 환경도 나날이 발전하고 있다.

한번 멈춰 서면 다시 시작하기 어렵지만 답을 찾으려 노력하면 더 나은 미래가 나타난다. 그리고 경험상 엄마의 손길이 필요한 나이의 아이들은 엄마가 집에 있는 것을 당연히 좋아하지만 좀 더 큰 다음에는 사회생활을 하는 친구 엄마들을 더 멋있다고 생각하기도 한다. 심지어 사춘기가 되면 살펴주고 챙겨주고 신경 써주는 엄마를 불편해하는 경우도 있다. 그러면 엄마는 달라진 아이를 보며 섭섭한 마음이 들고 자존감이 떨어져 우울해진다. 현실을 받아들이고 다시 일을 시작해보려고 결심했을 때는 이미 전문성 갖춘 일을 할 기회는 더 줄

어들어 있다.

나는 지금도 현장을 다니면서 전국 방방곡곡의 엄마들을 만난다. 그때마다 30대 엄마들에게 꿈이 무엇인지 물어본다. 경력 단절이 된 여성들이 정작 아이는 잘 키우고 가르쳐 자기처럼 살지 않고 일해서 성공하기를 바란다고 답한다. 그것이 대한민국 모든 엄마의 마음이고 바람일 것이다.

하지만 아이가 잘 자랄 수 있는 환경을 만들고 책임을 다하며 함께 성장해가는 가정을 만드는 것은 엄마와 아빠가 서로 도와야 하는 일이다. 엄마가 사회적 성공을 꿈꾸는 것은 이기적인 일이 아니다. 마찬가지로 육아가 엄마만의 책임도 아닌 것이다. 아이의 학업적 성취를 엄마의 성공으로 연결시키지도 말아야 한다. 아이 인생과 엄마 인생을 하나라고 생각하면 아이도, 엄마도 힘들어진다.

그런데도 일하는 엄마들 대부분은 내가 잘하고 있는 게 맞나, 이게 아이와 나에게 최선인가를 끊임없이 의심한다. 물론 하루하루 시간에 쫓겨 정신없이 이리 뛰고 저리 뛰다 보면 힘들 때가 많다. 아이를 제대로 보살피는 것도 아니고 회사 일을 제대로 해내는 것도 아니라는 자괴감마저 든다. 내가 이러려고 결혼하고 아이까지 낳았나 싶어서 후회도 된다. 고민 끝에 결국 큰 결심을 하고 '아이 때문에'를 외치며 일을 그만둔다. 물론 그때는 당연히 아이에게 좋은 일이다. 그러나 어느새 아이에게 잔소리하고 집착하고 소리치는 자신을 발견한다는 경우를 자주 본다. 아이는 그런 엄마가 점점 힘들어지고 엄마는 엄마대로 다시 이게 최선인가, 계속 이렇게 살아야 하나 고민한다.

분명한 것은 지금 당신이 육아와 병행하느라 힘든 회사 생활을 하든 집에서 온종일 아이에게 매달려 있든 자신을 포기하지 않고 주어신 상황에 최선을 다하고 있다면 잘하고 있다는 사실이다. 자기 자신을 믿고 꿈꿔야 한다. 상상과 꿈은 논리를 이기고, 무언가를 하고 싶은 마음은 기어이 그것을 해내게 만든다. 어려운 시기지만 다시 꿈을 꾼다면 기회는 온다.

시간은 생각보다 빨리 지나간다. 바쁘게 살면서도 언제나 꿈을 꾸는 긍정적인 엄마의 모습은 아이에게 롤 모델이 되기도 한다. 그런 엄마를 보며 자란 아이는 자연스럽게 바르고 긍정적이며 꿈꾸는 아이로 살아가게 될 것이다. 아이들은 30대 부모의 모습을 보며 자라기 때문이다.

일을 계속하든 쉬든, 지금 내가 성장하기 위해 노력하고 있는지, 꿈꾸고 있는지가 중요하다. 그렇다고 답할 수 있다면 잘하는 것이니 더는 자신을 의심하면서 고민하지 말자. 가장 힘들 때지만 그래서 성장도 따라온다.

경력 단절 시기와 경험담

시기	결혼	출산 전후	세 살 전	초등 입학~2학년	3학년 이후
	최근 많이 줄었으나, 요즘은 자발적 경력 단절이 많다.	임신하면 기동력도 떨어지는데, 늦은 나이에 임신하는 사람도 많아 몸과 마음이 더 힘들다.	세 살까지는 내가 키워야 하지 않을까? 아기를 맡아줄 곳도 없고….	어린이집처럼 종일반도 없고, 학교에 들어가니 스트레스가 최고에 이른다.	곧 해방기가 온다. 이 시기까지 견디고 또 견디자!
생각의 전환	잘 생각해보자. 결혼했으면 도리어 일을 해야한다.	앞으로는 임신에 대한 국가 지원이 더 많아질 테고, 아이는 나의 행복이 될 것이다.	어린이집, 도우미 선생님에 관한 정보를 출산하자마자 준비하자. 그래도 아이가 눈에 밟히면, 빨리 쉬고 빨리 복귀하자.	역할 분담과 또래 엄마들과의 친분 만들기에 힘쓰자. **Plus +** 학교 방과 후, 돌봄, 학원 시간표에 잘 맞추자.	4학년 이후 고학년으로 갈수록 대화가 통하는 엄마가 되도록 공부하고 경제력을 갖자.

▌ 가혹한 30대, 어떻게 견뎌낼까?

여자들에게는 30대가 가장 가혹한 시기라고 할 수 있다. 경력 단절을 겪고, 결혼·출산·육아 같은 중요한 선택의 갈림길에 서고, 무언가를 선택한 후에는 그 결과를 오롯이 감당해야 하며, 일에서도 성과를 내야 하는 나이가 대부분 30대. 요즘은 결혼과 출산 시기가 계속 늦춰지면서 점점 더 힘들어지기도 한다.

막연한 두려움이 더 큰 공포를 만들어낸다. 지금은 결혼했다는 이유만으로 일을 그만둬야 하는 경우는 거의 없다. 그런데도 결혼 이후를 걱정하면서 아예 사랑도 결혼도 포기하는 젊은이들을 보면 안타깝다. 아무것도 안 하면 실패도 안 하지만 그 대신 발전도 없다. 일단 해보고 실패하면 다시 고쳐가면서 경험도 쌓고, 그래야 성장도 가능하다. 그것이 곧 기회다. 안 될 거라는 생각으로 시도조차 해보지 않으면 기회도 영영 사라진다.

앞에서도 말했듯이 나는 결혼 후에 출산과 승진, 평가까지도 철저히 계획하고 실행했다. 평가자가 내가 이룬 성과를 가장 또렷이 기억할 때 평가를 받고 나서 임신하고 출산하려고 시기를 조절했다. 그래야 다음 승진과 평가 기간이 되기 전에 충분히 아이를 돌보고 복귀할 수도 있었다. 회사마다 평가와 승급 기간이 정해져 있으니 그리 어려운 일이 아니다.

회사 프로젝트도 그렇고 집안 대소사 역시 계획을 세워 실행하면 결과는 더 좋아진다. 철두철미한 것이 다소 삭막해 보이긴 하지만, 실제 결괏값을 생각하면 옳은 선택이었다고 믿는다. 그래도 나처럼 여자 선배들이 오래 직장을 다니며 길을 터주다 보면 우리 후배 세내 내는 승신 대상 시기를 고려하며 육아휴직 계획을 세우지 않아도 되는 날이 올 것이다. 현재 우리나라 출산율이 세계 최저 수준이니 어쩌면 임신하는 것만으로도 사회에서 대우받을 날이 올지도 모를 일이다.

30대 여성 직장인에게 해주고 싶은 이야기는 경력 단절이 생기는 시기별로 방법을 찾아 대비한다면 위기가 왔을 때 좀 더 수월하게 넘어간다는 것이다. 물론 아무리 단단히 준비해도 어려운 상황은 생기기 마련이다. 그럴 때는 주변에서 받을 수 있는 도움은 다 받으며 버텨야 한다. 미안함은 잠깐이고, 아이들은 눈 깜짝할 사이에 큰다. 30대에 버는 돈은 모을 생각을 안 하는 것이 낫다. 그 대신 자신에게 투자해서 더 먼 미래에 경쟁력 있는 사람이 되기를 바라자. 아이가 자라서 하고 싶은 일이 생겼을 때 아무것도 해줄 수 없는 엄마보다는 경제적 지원을 해줄 수 있는 엄마가 되기를 택하는 것이다.

근거 없는 자신감도 필요하다

잘될 거라는 믿음을 갖자. 뇌는 생각하는 대로 세뇌되고, 생각이 바뀌면 마음도 바뀐다. 마음이 바뀌면 계속 나아갈 수 있다. 뇌를 긍정 편향적으로 디자인해야 한다. 날마다 어제보다 좋아질 거라고 나 자신을 세뇌하자.

미국의 유명한 리더십 컨설턴트이자 심리학자인 스탠 비첨Stan Beecham 은 자신감은 감정이 아닌 생각이라고 했다. 긍정 스토리를 쓰는 것이 실제 내 스토리를 만들어가는 데 가장 중요하다. 근거 없는 자신감이라도 느껴보자고 한 이유는, 여자들은 대개 잘하고 있으면서도 아무 근거도 없이 자신감을 가지지 못한다는 사실 때문이다. 자신을 부정적으로 깎아내리고 일이 제대로 안 됐을 때 느낄 두려움을 미리 상상한다. 생기지도 않을 일을 지레 걱정하고, 이미 생긴 일은 지나치게 부풀려서 낙심한다.

나 역시 20대 때는 그런 쓸데없는 일에 에너지를 많이 썼다. 지나고 보니 내가 하는 걱정의 90% 이상은 생기지도 않을 일이었다. 두려워하면 정작 그 일을 하게 되었을 때는 정말로 못 할 수밖에 없다. 학창 시절 자신 없는 과목 시험이 코앞에 닥쳤을 때를 떠올려보자. 무슨 말인지 딱 와닿을 것이다.

나 혼자 다 하려고 하지 말자

도움을 받는 것은 부끄러운 일이 아니다. 그런데도 주변을 둘러보면 모든 것을 혼자서 해내려는 완벽주의 성향을 보이는 여자들이 많다. 회사에서는 남이 해놓은 일이 못 미더워 다시 살펴보거나 남에게 맡겨도 될 일을 기어이 자기가 해 버리고 만다. 그래서 늘 일이 많으니 혼자만 일하는 것 같아서 동료들이 밉고 회사도 싫어진다.

집에서도 마찬가지다. 남편이 해놓은 청소가 맘에 들지 않아 자기가 다시 한다. 아이 돌보는 것도 못마땅해서 남편에게 맡겨두질 못한다. 그럴수록 남편은 더 안하고, 모든 일을 자기가 다 하면서 날이 갈수록 불만이 더 커진다. 좀 못해도 남편이 하게 놔둬야 한다. 아침 등원은 내가, 하원은 남편이, 식사 준비와 집안 정리는 내가, 식사 후 설거지와 쓰레기 버리기는 남편이 하는 식으로 일도 분리하자. 집이 좀 지저분하면 어떤가. 오히려 정겨우니 괜찮다.

아이에게도 자기 일은 스스로 하게 하자. 요즘은 아이를 상전으로 떠받들며 하나부터 열까지 다 해주는 엄마들이 많다. 그래서인지 대학생이 된 아이들이 스펙은 대단한데 제 할 일을 스스로 할 줄 아는 학생들이 드물다. 스스로 생각하고 결정할 줄 아는 아이로 자라게 하려면 아이가 혼자 하게 해야 한다. 준비물도 알아서 챙기고 집안일을 스스로 돕게 해야 한다. 그렇게 해야 엄마의 가사 노동도 줄어든다.

너무 버거울 땐 가사 도우미 선생님을 쓰는 것도 좋은 방법이다. 직장 다니며 벌어봐야 도우미 선생님에게 주고 나면 남는 것도 없다며 푸념하는 엄마들이 있다. 그런데 가사 부담이 줄어야 일힐 힘이 생긴다. 또 이 시기에는 돈을 그렇게 써야 한다.

최근 일본에서는 고학력 여성의 출산율이 높아지고 있다고 한다. 8시 이후 야근 금지, 탄력적인 업무 시간 조정, 국가의 도우미 지원 등이 늘면서 고학력 여성의 출산 인원이 1.9명으로 저학력 여성의 0.9명보다 높아진 것이다. 우리나라도 아이의 아침 등원, 하원을 도울 수 있는 유연 근무제를 도입하고, 육아 도우미 지원을 정책적으로 확대, 육성, 교육하며 방과 후 돌봄 문제를 해결할 수 있는 시스템과 정책을 보강하고 예산을 지원하면, 출산율 저하를 막을 수 있지 않을까?

그렇다고 국가의 제도적 장치 부족만 탓하고 있기에는 내 인생이 너무 소중하다. 그러니 방법을 찾아야 한다. 30대는 돈도, 시간도, 노력도, 공부도 투자하는 시기다. 그렇게 투자만 하다 보면 돈이 모이지도 않는데 왜 맞벌이를 해야 하는지 의문이 생길 수도 있다. 하지만 이 시기만 잘 넘기면 더 유능한 자신을 발견할 것이다.

아이는 자란다. 초등학교 1·2학년 때까지는 아이가 부모의 도움을 많이 필요로 한다. 그러나 3학년만 지나도 어른의 도움이 이전만큼 많이 필요하지 않다. 더욱이 고학년이 되면 시간보다는 든든한 경제력과 아이에게 좋은 사회적 멘토가 되어줄 어른이 더 필요하다. 아이가 하고 싶은 것을 지원할 수 있는 엄마가 되려면 경력 관리를 잘해야 한다. 경력이 쌓일수록 연봉도 오르고, 어느 정도 안정된 연봉에 도달하면 이전과는 확연히 다른 경제력으로 여유가 생긴다. 돈은 배수의 법칙으로 늘어나기 때문이다. 나 역시 30대와 40대 초반까지는 통장이 그저 월급이 스쳐 지나가는 흔적만 기록하는 물건이었다. 그런데 차츰 종잣돈이 쌓이더니 어느 순간 든든한 경제력이 생겼다. 경제력이 없으면 친정이나 나 자신에게는 아까워서 돈을 못 쓰고, 남편이 별말을 하지 않아도 괜한 자격지심에 아끼고 또 아끼게 된다. 경제력이 결정권이고 자유라는 걸 잊지 말아야 한다.

한 가지 덧붙이자면, 힘들다고 징징거리고 투정 부리는 듯한 태도는 감점 요인이다. 그리고 남편도 힘들다. 내 경력과 성장을 위해 노력하는 만큼 남편을 위해서도 지원과 노력을 아끼지 않는 배우자가 되어야 서로 동등하게 건강한 관계를 이룰 수 있다.

이 또한 지나가리라

모든 어려움은 언젠가는 지나간다. 그런데도 막상 어려움이 닥치면 잘 넘기기가 쉽지 않다. 이때가 중요하다. 견디고 또 견디며 작은 어려움은 무시하는 것도 능력이다. 일상에서 생기는 어려움이나 자잘한 실패, 지저분한 집 안, 중요하지 않은 사람과의 관계. 지나고 보면 정말로 사소하고 하찮은 것들인데 그냥 넘기지를 못하고 너무 크게 생각하는 사람이 많다.

우선 회사에서는 집안일이나 아이 생각을 잊고, 집에서는 회사 일을 잊어야 한다. 회사에 와서도 집 걱정, 아이 걱정을 하고 집에 가서는 회사 일을 펼쳐놓고 힘든 티를 내는 사람들이 있다. 생각에 셔터를 내리는 것도 훈련이다. 현관문을 열고 들어오는 순간 지켜야 할 원칙을 정해보자. 집에 오면 무조건 업무용 노트북을 열지 말고 나 자신과 가족에게 집중해야 한다. 회사에 가서는 집에서 생긴 일로 업무에 소홀해서는 안 된다. 집안일로 전화기를 들고 회사 복도를 들락거리거나 다투는 사람들이 있는데, 그것만큼 보기 안 좋은 모습도 없다.

그다음으로는 나한테 중요하지 않은 사람들 때문에 받는 스트레스는 무시할 줄 아는 것이다. 그 사람들은 내 인생에 아무런 보탬이 되지 않는다. 나에게 중요하지 않은 사람들의 평가나 시선에 왜 신경 쓰며 사는가. 옆집 엄마나 업무 평가에 영향이 없는 선배나 부정적인 동료, 친하지 않은 친구. 이들은 그다지 중요한 사람들이 아니다. 무시해버리자.

기분 좋아지는 것을 찾자

내 기분을 좋게 하는 것 한두 가지는 있어야 한다. 찾았다면 그것에 쓰는 돈이나 시간을 아까워하지 말고 죄책감도 느끼지 말자. 예쁜 화장, 구두, 마사지… 그게 무엇이든 자기만의 비타민은 누구에게나 있다. 스스로를 칭찬하고 나에게 주는 포상이다. 거울 앞에 서서 내가 제일 예쁘다고 말해보자. 남들이 해주는 칭찬도 좋지만, 가장 중요한 건 내가 나를 아껴주고 칭찬하는 것이다. 30대는 가장 많이 노력해야 하는 시기여서 힘들 수밖에 없다. 나 역시 기분 좋아질 일이 무언지를 찾았다. 나는 1년짜리 소액 적금을 들고 적금이 끝나는 날 그 돈으로 꼭 사고 싶었던 물건을 샀다. 남은 돈으로 다시 3년짜리 적금을 붓고 그렇게 1000만원이 3000만원이 됐고 금세 1억원이 모였다.

내가 무엇을 좋아하는지 알아야 한다. 나는 돈이 좋았고, 승진에 대한 욕심이 있었고, 사람 욕심도 많았다. 히가시노 게이고의 소설, 온라인 서점의 베스트셀러, 그날의 기분에 따라 쓰는 향수, 강연장에서 나를 돋보이게 하는 빨간 립스틱, 발이 편한 운동화, 아침 산책 후에 마시는 커피, 지진희 배우가 나오는 드라마 몰아보기, 글씨가 잘 써지는 펜과 노트…. 이런 작고 사소한 것들로도 금방 기분이 좋아진다.

작은 성공의 체인을 만들자

작게 말하면 목표고 멋지게 말하면 꿈이다. 시시한 현실 따위는 보이지 않게 가슴 뛰는 목표와 꿈을 바라보라는 말도 있다. 내가 하고 싶은 것이 있다는 게 가장 중요하다. 그것을 이루는 기간을 정해서 숫자로 적어보자.

나는 기록을 많이 하는 편이다. 회의 때나 강연을 들을 때 잘 기억하고 집중하기 위해 내용을 받아 적는다. 해야 할 일이나 그달의 목표도 다이어리에 적어놓고 구글 캘린더나 무지 노트에 한 번 더 반복해서 적어둔다. 목표를 잊지 않고 몸을 움직이기 위해서다. 해야 할 공부, 모아야 할 종잣돈, 따야 할 자격증, 만나야 할 사람, 그달에 반드시 해야 할 일, 꼭 갖고 싶은 가방…. 이 모든 것이 나의 작은 목표들이다. 작은 일부터 목표로 삼아 구체적인 숫자로 적고, 작은 성공을 만들어갈 때마다 해낸 일을 하나씩 목록에서 지워나가보자. 즐거움은 점점 더 커지고 어느새 자신감이 붙은 나를 발견하게 될 것이다.

Key Advice

선택을 망설이는 30대를 위한 조언

① 하나, 업무와 관련된 투자를 해라

자신에 대한 중간 평가와 집중 투자가 필요한 시기다. 필요하다면 업무와 연관된 공부에 투자하고, 사람이 필요하면 그들을 만날 수 있는 기회를 만들어라. 시간과 노력은 물론이고 돈을 들여 투자할 수도 있다. 투자한 만큼 내가 그리던 모습에 더 가까워진다.

② 둘, 처음부터 안 될 거란 생각은 버려라

답은 항상 사람에게 있다. 똑같은 일도 누구는 잘하고 누구는 못한다. 안 될 거라는 생각으로 시도조차 하지 않는 사람은 끝까지 할 수 없다. 무슨 수를 써서라도 되게 하려고 노력해라. 일을 잘하는 비결은 된다는 생각으로 될 때까지 계속 하는 것이다.

③ 셋, 양자택일의 프레임을 깨라

육아와 일, 둘 중 반드시 하나만 선택해야 한다는 강박관념을 버려라. 나도 성장하고 아이도 잘 키울 수 있다. 아이가 잘 자랄 수 있는 환경을 만들고, 나는 내가 잘하는 걸 하면 된다. 자신만의 속도를 정해 계획해라.

Check Check

나 지금 잘하고 있나요?

- ☐ 성과를 높이기 위해 업무와 관련된 공부를 한다.
- ☐ 어려운 상황에 부딪히면 안 될 거라는 생각보다 해낼 방법을 찾는다.
- ☐ 상황에 치여 결정하지 않고 나 자신의 발전에 도움이 되는 방향을 선택한다.
- ☐ 난 지금 성장하고 있는가, 꿈꾸고 있는가 등 나의 상태를 살핀다.
- ☐ 경력 단절이 생길 수 있는 시기를 예상하고 대비한다.

나를
기분 좋게 만드는
소확행

기분이 우울할 때는 나를 위해 작은 선물을 주자.
불안한 마음을 달래주는, 소소하지만 확실한 나만의 행복

1   **색색의 펜** ─ 빨 주 노 초 파 남 보. 아이디어가 저절로 떠오른다. 머릿속이 복잡할 땐 뭐라도 끄적이기.

2   **오늘의 향수** ─ 날씨따라 기분따라 골라 뿌리는 향수들. 나를 우아하게, 강인하게, 아름답게 만들어 준다.

3   **봄내음 가득한 테이블** ─ 선물 받은 꽃다발은 화병에 꽂아두기. 망고 튤립이 꽃잎을 열면서 고개를 든다.

4   **아버지로부터 물려받은 만년필** ─ 사각거리는 필기감이 상쾌하다. 그의 시간이, 사랑이 녹아 있는 것.

5   **한 잔의 땅콩 차** ─ 아침 시간, 동료들과 함께 보내는 티브레이크(Tea-Break) 시간. 머릿속이 맑아진다.

6   **카페 희다** ─ 키즈스콜레 본사가 있는 서울 사당역 인근 이수카페 희다. 종종 들러 생각하고 한숨 돌리기.

7   **발 편한 운동화** ─ 걷는 것마저 지치는 날. 발이 편한 운동화로 피로의 무게 덜어주기.

8   **틈틈이 '덕질'** ─ 좋아하는 것을 무작정, 많이 좋아하기. 지진희 배우가 나온 드라마 정주행 완료!

3

40대, 새로 시작하기 딱 좋은 시기

▌흔들리지 않고 혼자 우뚝 서기

"절정의 시간은 짧다
바닥의 시간도 짧다
삶은 최고와 최악의 순간을 지나
유장한 능선을 오르내리며 가는 것"

- 시인 박노해, 《걷는 독서》 중에서

나는 박노해 시인의 《걷는 독서》를 책상 위에 두고 성경 읽듯 읽곤 한다. 어떻게 살아야 할지, 어떻게 생각해야 할지가 나와 있어서 내가 가장 좋아하는 시집이다. 스스로 어찌할 수 없는 암울한 상황을 견뎌낸 시인의 내공이 담긴 글이어서 그런지, 힘겨운 일에 맞닥뜨릴 때마다 나에게 힘이 된다. 사는 게 참 쉽지 않다. 가장 좋은 순간이 다 좋은 게 아닐 수도 있고, 최악이라고 생각되는 순간이 다 나쁜 건 아닐 수도 있다. 남들에게는 절정으로 보이는 순간도 나에게는 불안한 순간일 수 있다.

나는 30대 후반에 매출 2700억원 달성이라는 최고의 성과를 낸 사업본부장이자 최연소 여성 임원이 되었다. 세 차례 특별 승진을 했고, 높은 성과급과 가장 많은 승진자가 나온 본부를 이끌었으며, 사업 성장을 주도했다. 홈스쿨링 신사업을 크게 키워 별도 사업본부로 독립시켰다. 본부장이 젊으니 구성원도 젊었고, 회사 내에서 가장 오래된 본부였으나 역동적으로 성장하는 모습을 보여주었다. 누가 봐도 아름답고 화려한 모습이었지만 그 시절 나를 규정짓는 단어는 '정말 무서운, 드세기 그지없는 여자!'였다. 하지만 나는 그때의 내 모습을 후회하지 않는다. 여자여서, 여자이기에, 강하지 않았다면 절대 그 자리에 설 수 없었을 것이다.

여자와 남자를 바라보는 시선은 참 다르다. 미국의 국무장관을 지냈고, 지금은 대학 총장인 힐러리 클린턴이 대선에서 실패한 건 여자라서가 아니라, 여자를 평가하는 비뚤어진 잣대 때문이었다. 조직에서 욕심 있는 남자 리더가 목표를 세워 높은 직위를 향해 노력하는 모습은 '남자다운 남자' 또는 '카리스마가 빛나는 리더'로 조명되는 데 반해, 똑같이 야망 있고 목표를 세워 도전하는 여자에게는 '욕심 많고, 드센 여자'라는 이미지가 덧씌워진다. 그뿐 아니라 많은 이의 입방아에 오르내리며 뒷소리의 주인공이 되거나 대하기 어려운 리더라고 낙인 찍히는 일도 적지 않다.

여자가 인색한 평가나 듣기조차 껄끄러운 뒷말에 휘둘리지 않고 두각을 나타내는 리더로 우뚝 서기 위해서는 반드시 '빛나는 업무 성과와 역량'을 갖추지 않으면 안 된다. 여자가 성과와 역량이 부족한 상태로 앞에 나서는 건 불가능하다. 그 때문에 훨씬 더 많은 시간과 노력을 쏟아부어 업무에 집중해야 한다. 하지만 여자들은 남자들처럼 같이 담배를 피우러 나가지도 않고, 술도 마시지 않으며, 친목 도모를 위한 골프도 잘 치지 않는다. 흔히 말하는 '이너 서클'에 들어가기 어렵다는 뜻이다.

이런 상황에서는 '전투형 리더'가 되지 않으면 안 된다. 그렇다고 드세다거나 유연성이 부족하다거나, 싸움닭 같다는 말은 듣고 싶지 않다. 그래서 사람 좋다는 말을 듣겠다고 사람들과 유연하고 부드럽게 잘 어울리면서 먼저 양보하고 한 발짝 물러서곤 한다. 하지만 그런 식으로 '야성과 전투력'을 잃어버리는 순간, 승부사 기질로 사업에서 성과를 내야 할 리더로는 적합하지 않은 사람이 되고 만다. 그 두 가지를 다 잡을 수 있다면야 더 바랄 게 없겠지만, 그런 사람은 최상위 0.1%밖에는 안 된다.

나는 30대 후반과 40대 초반에 직장 생활에서 누릴 수 있는 모든 영광이 몰려왔지만, 고통과 좌절도 같이 밀려왔다. 절정의 시간도 바닥의 시간도 지나고 나면 다 잊히고, 흐르는 시간 속에서 어려움은 능선을 오르내리는 것처럼 좋았다 나빴다를 반복한다. 당시 나는 강력한 업무 추진력으로 높은 성과를 내며 회사에서 월 최고 매출 320억원을 달성했다. 오프라인 영업 조직 700여 개를 만들고 신사업이던 홈스쿨에서만 1800개 조직을 만들어 소위 잘나가는 본부장으로 불렸다. 하지만 뒤에서는 사람들로부터 무섭고 드세다는 평을 듣고 있었다. 그렇게 맹렬하게 일하던 그때 늘 듬직한 뒷배가 되어주던 남편이 회사에서 어려움을 겪다가 이직을 하는 일이 있었다. 그러는 사이, 건강검진을 제대로 챙기지 못한 남편이 느닷없이 대장암 말기 판정을 받았다. 남은 시간도 고작 6개월이라고 했다. 청천벽력 같은 소식이었다.

지금은 암도 건강보험이 적용돼서 치료비도 저렴하고, 표적 치료제 수도 늘어서 치료 방법도 다양하지만, 그때는 지금 같지 않았다. 많지도 않은 표적 치료제 비용이 어마어마했지만, 우리는 무슨 수를 써서라도 기적을 만들겠다고 운동도 하고 항암제도 바꿔가며 남편은 2년을 버텨주었다.

그 힘들디힘든 2년의 시간을 보내고 난 어느 날, 나는 5년간 3000억원대 매출을 일궈냈던 본부장 자리에서 물러나야 했다. 본부장 경질의 이유가 사업 부진 때문이라고 했지만, 나보다 성과가 좋지 않았던 남자 본부장들은 자리를 바꿔가며 여전히 자리를 지키고 있었다. 그룹의 신사업 덕분에 성과를 내는 데 미쳤던 좋은 영향은 고려하지도 않은 결정이었다.

남편이 투병하던 2년 동안 함께하느라 사업 성장에 온전히 집중하지 못했다고 평가한다면 그럴 수도 있다. 그렇다고 이제껏 내가 보여준 성과에 걸맞은 업무 제의조차 없었다는 건 이해하기 힘들었다. 과연 내가 남자였어도 그랬을까?

평가와 보상은 정확한 근거에 따라 이루어져야 하고, 그 결과 또한 명확하게 설명되지 않으면 신빙성이 떨어질 수밖에 없다. 그때 좀 더 명확한 설명을 들었다면, 이후 나의 행보나 마음이 많이 달라졌을 것이다.

남편은 내가 해임된 지 딱 한 달 만에 우리 곁을 떠났다. 지금 생각해보면 그때 본부장에서 해임된 덕분에 같이 병원에도 다니고 밥도 먹고 산책도 하면서 남편의 마지막 한 달을 함께할 수 있었다. 다 좋았던 건 절대 아니지만, 그래서 최악이라고 생각되는 순간이 다 나쁜 건 아니라고 하는 걸까?

남편이 보고 싶을 때 가는 김포 수목장.
내가 포기하지 않고 끝까지 달릴 수 있었던 건 남편과 아들이 있었기에 가능한 일이다.

지금도 아파서 미안하다고 말하던 남편의 얼굴이 떠오를 때마다 너무 그립고 마음이 아프다. 사랑하고 의지하던 배우자를 먼저 떠나보낸 고통은 겪어보지 않고는 절대 짐작조차 할 수 없는 일이다. 내 곁에 있는 소중한 동반자에게 잘해야 한다. 사랑한다고 말할 수 있을 때 말해야 한다. 사랑하는 남편과 아내, 가족들을 위해서라도 내 건강은 내가 지키고, 나는 나 스스로 아껴주어야 한다.

▋ 소중한 나, 떠나야 할 때 떠나자

남편을 떠나보내고 나서 한 달간의 공백기를 가진 뒤 현장 본부장으로 배치반

앉다. 그때 회사를 그만둬야 하나 잠시 고민했다. 다른 데 가서도 잘할 수 있을지 자신이 없었고 두려움도 컸다.

사람은 참 단순하다. 잘될 거라고 믿는 믿음만으로도 성장하고, 좋은 결과를 만들어내고 안 될 거라는 생각만으로도 공포를 느끼고 나쁜 시나리오를 쓰면서 움츠러들어 활기를 잃는다. 당시 내가 딱 그랬다. 사별의 아픔을 겪은 데 이어 해임까지 당하자 부정적인 생각에 짓눌려 몸을 움직여 변화에 도전할 생각을 도무지 할 수가 없었다.

그때의 경험으로 '말의 힘'과 '피그말리온 효과'가 실제 어떻게 작용하는지 알게 되었다. 부정적인 생각이 그려내는 이미지는 내 머릿속에서 가장 먼저 보이고 부정적인 말도 내가 가장 먼저 듣는 것처럼, 긍정적인 이미지도 내가 가장 먼저 보고 긍정적인 말도 내가 가장 먼저 듣게 되니까.

새로 배치받은 현장 지역사업본부는 9년 연속 최하위를 기록하던 곳이었다. 장기적으로 사업 부진을 겪던 지역의 모습을 직접 눈으로 확인하는 순간, 참담하기 그지없었다. 낡은 건물, 지저분한 환경, 자신감 없는 표정, 부정 판매로 최악의 상태에 내몰린 사람들…. 설상가상으로 본부가 있던 지역은 재개발 결정으로 재래시장부터 이미 철수가 이루어지고 있었다. 본사에서 숫자로만 보던 내용과 지역 현장에서 직접 운영하게 된 사업본부의 실상은 너무나 달랐다. 나는 미안함을 느꼈고, 고객과 현장에서 직접 뛰는 사람들을 비로소 제대로 보게 되었다.

그로부터 3년간 이어진 현장 근무로 나는 정말 많은 것을 경험했다. 일단 현장이 어떻게 돌아가는지 알게 됐고 현장 사람들과 함께하는 실전 노하우도 체득했다. 새로운 사람을 충원해 조직을 보강했고, 환경을 개선하고 부실 판매를 정리했다. 사업 실적이 개선되면서 마침내 9년 연속 꼴찌에서 벗어났고, 어느새 상위권으로 발돋움해 1등 본부에도 도전했다. 그곳에서의 하루하루는 고객들의 바람을 직접 듣고 하나하나 배우며 '찐 사업'의 현장을 체험하는 소중한 시간이었다. 지금 생각해도 그때는 정말 독하게 일했던 것 같다.

처음 그곳으로 갈 때만 해도 이제껏 그렇게 최선을 다해왔는데 실패로 끝나고 말았다는 좌절과 아픔이 컸다. 이른 나이부터 승승장구해오면서 한껏 높아진 자존감도 순식간에 무너졌다. 그런데 그보다 더 큰 상처는 내 사람이라고 생각한 이들이 하는 뒷얘기와 소문, 평가가 그런 결과에 큰 영향을 미쳤다는 사실이었다. 남편을 떠나보낸 상실감에 배신감까지 더해지면서 나는 한동안 극심한 심리적 고통에 시달렸다. 업무로 분주한 낮에는 잘 드러나지 않았지만, 저녁 퇴근길에는 차를 길가에 세우고 한참을 멍하니 있다가 집으로 돌아가는 적도 많았다.

그런데 놀랍게도 현장 업무에는 힘이 있었다. 일에 집중하면서 잡생각이 사라졌고, 다시 에너지가 생기기 시작했다. 무엇보다 큰 변화는 순수하고 성실한 현장 사람들과 일하면서 바닥으로만 가라앉던 내 마음을 아주 천천히 일으킬 수 있었고, 어느덧 나 스스로 그 마음을 어루만질 수 있게 되었다는 것이다.

그때 함께했던 이들은 지금도 소중한 내 사람들이 되어 나와 함께 새로운 사업을 일구어가고 있다. 사람에게 받은 상처는 사람이 고쳐주었고, 극도로 어려운 사업 상황은 오히려 아프고 힘든 마음을 이겨내고 다시 일어설 수 있게 해주었다. 부진 본부에서 우수 본부로 탈바꿈해가는 과정에서 나는 조금씩 자존감을 회복했고, 실전형 전투력도 되찾을 수 있었다.

그러는 사이에 갑자기 본부장급 인사이동이 이루어졌다. 사업 구조가 책 판매 중심에서 디지털 구독형 판매로 바뀐 것이 이유였다. 곧바로 현상 본부의 구조 조정이 단행됐다. 본부장 직급 전체를 네트워크 판매로 전환 배치했고, 나이 많은 현장 직원은 신사업 부서로 이동 배치한다는 결정이 내려졌다. 물론 회사 차원에서 할 수 있는 의사 결정이다. 하지만 준비되지 않은 개인에게는 날벼라

같은 명령이었다. 나 역시 20년 넘게 일해온 일터에 대해 깊이 고민하게 됐다.

모든 인사에는 명확한 명분과 이유, 기준이 제시되어야 하고, 모든 조직에서 가장 중요한 것은 사람이다. 그렇게 중요한 사람을 대할 때는 식물 키우듯 시간을 들이고 정성을 다해야 하며, 헤어질 때도 예의를 지켜야 한다. 그때 만약 회사에서 명분이나 이유, 기준을 좀 더 명확하게 밝혔더라면 다들 오래도록 고마움을 가지고 있던 회사에 더 큰 감사와 애정을 느낄 수도 있었을 것이다.

내가 지금도 중요한 업무 원칙의 하나로 삼는 '떠나는 사람들에게 잘하자'도 그때 경험에서 얻은 교훈이다. 함께하는 동안 아무리 잘해줬어도 떠나는 사람에게는 좋은 마음보다 섭섭한 마음이 더 클 수밖에 없다. 사람은 나에게나 남에게나 항상 친절해야 한다. 소중하지 않은 사람은 없다.

그 일을 계기로 나는 소중한 내 자신과 자존감을 지키기 위해 새로운 길을 택했다. '버티는 놈이 이긴다'라는 생각과 안전한 둥지를 떠나는 두려움 때문에 자리를 지켜왔으나 이번에는 달랐다. '더는 남들이 나를 함부로 대하게 두지 말자', '남들이 나를 결정하지 못하게 하자', '더 늦으면 나조차도 나를 돕지 못한다'. 내 안에서 우러나오는 이 단단한 말들에 응답하기로 했다.

▌나온 문을 닫아야 새 문이 열린다

인생을 바꾸고 싶다면 이 세 가지를 바꾸면 된다. 만나는 사람, 머무는 공간, 쓰는 시간, 천지인(天地人)이다. 동양의 명리학에서도 사람의 사주팔자에 영향을 주는 세 가지가 하늘, 땅, 사람이라고 한다. 나도 무언가에 집중해야 할 때나 변화가 필요할 때면 이 세 가지 중 하나를 바꾼다.

새로운 일을 시작할 때는 먼저 그 일을 할 사람들을 모으고 그 일과 관련 업무를 제일 잘하는 사람들을 만난다. 어떤 일을 더 잘해야 할 때는 그 일에 쓰는 시간을 늘리거나, 해야 하는 일의 비중을 바꿔본다. 또 내가 머무는 공간을 바꾸면 만나는 사람들도 바뀌면서 전혀 다른 생각과 배움을 얻을 수 있고, 나를 둘러싼 환경이 바뀌기 때문에 내 생각과 행동도 달라진다. 새로운 각오를 다지기 위해 공간을 청소하고 인테리어를 바꾸는 것도 같은 이치다.

100세 시대를 맞아 제2의 인생을 준비한다면, 20년 정도 내공이 쌓여 자기 분야의 전문성을 갖춘 40대가 가장 좋다. 너무 늦었다고 생각할 수도 있지만, 절대 늦은 나이가 아니다. 100세 시대 아닌가. 인생을 하루에 비유할 때, 예전 40대는 저녁 시간이었다면, 평균수명이 길어진 지금의 40대는 점심시간이다. 인생을 다시, 새로 시작하기에 가장 좋은 나이이다.

나는 40대일 때 미래에 대한 고민을 많이 했다. 남보다 승진이 빨라 언제까지 할 수 있을지, 나중에는 무얼 할 수 있을지가 늘 걱정이었다. 딱히 계획을 세웠던 건 아니었는데, 지나고 보니 내가 변화를 시도한 것도 40대였다. 인생을 다시 설계하고 다음 단계로 넘어가기 위해서는 생각하고 행동해야 한다. 문을 열고 다른 방으로, 바깥으로 나가야 한다. 문을 완전히 닫지 않으면 새로운 세상은 열리지 않는다.

▌ 나음보다 다름으로!

21년을 한 회사에 다니다가 이직을 결정하고 새로운 땅에 첫발을 디뎠다. 기존 업계와는 다른 에듀테크 기업을 천명하고, 업계 최초로 '0원 환급'이란 제도를 만들면서 6년 만에 매출 4000억원을 달성한 공무원 온라인 학습회사인 S사였다. 편안한 동종 업계의 제안을 모두 물리고, 유·초등 사업 분야 경험이 없는 회사로 이직을 결심하면서 1980년 생인 창업주와 직원 평균연령 32세의 젊은이들이 만든 압도적 성장 기업의 비밀이 궁금했다.

떨리는 마음으로 첫 출근을 한 날, 휴대폰을 잃어버렸다. 액땜이려니 했는데, 딱 3일 만에 후회했다. 없어도 없어도 이 정도로 아무것도 없다니…. 이런 상태에서 어떻게 사업을 만들어내지. 어설프게 만들어놓은 걸 고칠 바엔 차라리 아무것도 없는 데서 새로 만들어가는 게 나을 수도 있겠다는 생각에 맨바닥에서 키즈스콜레 사업을 시작했다.

아무것도 없으니 기존 시장의 선수들과 똑같이 겨뤄서 성공을 기대하기란 사실상 불가능했다. 나는 '다름'으로 승부를 봐야겠다고 생각했다. '그래, '나음보다 다름'이야!' 홍성태 교수의 책 《나음보다 다름》을 꺼내 읽었다. 없는 게 경쟁력이라고 믿었다. 오라는 곳은 없지만 그래서 어디든 갈 수 있으니 희망적이라고 여겼다. 내 발길 닿는 모든 곳이 내 땅이 될 것이다. 새 땅에 깃발을 꽂고 한 평 한 평 넓혀가면 된다고.

▌다음 단계로 넘어가는 일곱 가지 법칙

① 화내지 말고 바꾸기

화가 나면 화를 풀어야 한다. 안 그러면 화병에 걸린다. 부당한 대우를 받았을 때 견디는 것만이 능사는 아니다. 무작정 참지만 말고 적극적으로 상황을 바꿔야 한다. 새로운 환경에 가서도 마찬가지다.

초창기에 사업을 구축하면서 가장 먼저 바꾸고 싶었던 게 업무 환경이었다. 사무실 환경이 얼마나 열악한지 고객을 초대하기조차 민망할 정도였다. 무엇보다 고객을 초대해도 부끄럽지 않은 사무실을 만들고 싶었다. 고객들이 열악한 환경에서 일하는 직원들을 무시하는 것 같았고, 직원들도 자기 일터를 자랑스러워하지 않았다. 나는 그런 환경을 바꿔주는 게 새 사업의 성공을 위해서도, 직원들의 자부심을 북돋우는 데도 최우선이라고 생각했다.

얼마 지나지 않아 우리 회사 라운지는 '도서관보다 자유롭게, 키즈카페보다 자유롭게'라는 새로운 개념을 담은 공간으로 탈바꿈했다. 그 공간이 새 사업의 차별화 전략인 '나음보다 다름'으로 고객에게 다가가는 최전선이 되었다는 건 두말할 필요도 없다.

② 최상의 시나리오 그리기

낯선 곳에 가면 익숙했던 곳에서는 별것도 아닌 일이 문제가 되고, 아무렇지 않던 일도 불편하고 힘겹게 느껴진다. 단순한 적응의 문제라면 시간이 지나면서 차츰 익숙해지겠지만, 리더로서 성과를 내고 사람들을 이끌어야 하는 위치에서는 그 어려움이 절대 만만치 않다.

그래도 무작정 해야 하고, 해내야 한다. 나 혼자 해서 될 일이 아니니 함께하는 사람들에게 배 만드는 법이 아닌, 바다로 나가야 하는 이유를 끊임없이 설명해야 한다. 내가 먼저 꿈꾸고, 내 가슴이 먼저 뛰어야 한다. 내 가슴이 뜨겁지 않으면서 다른 사람의 가슴을 달굴 수는 없다.

내가 익숙한 곳에서 떠나와 처음으로 새로운 곳에 첫발을 내디뎠을 때 모든 것이 낯설고 어설펐다. 그때 그 막막함을 돌파한 방법은 '최상의 시나리오 그리기'다. 내가 어떤 사람이 될 수 있을지를 상상해보고, 내가 되고 싶은 모습을 그려보는 것이다. 그런 다음 그 모습을 구체적으로 숫자와 글자로 적어본다. 그리고 그것을 이루기 위한 '투 두 리스트(To Do List)'를 구체적으로 적어두고 하나하나 실행하는 데 집중한다. 이것이 내가 어떤 일을 시작할 때마다 가장 먼저 하는 일이다.

그런 상상의 끝에 떠오른 것이 바로 '나음보다 다름'이었다. 아이들이 좋아하는 책과 교구로, 아이들의 시기에 따라 가장 적합하고 필요한 내용으로 인생 습관을 만들어주는 '차별화'된 아이템을 만드는 것! 나는 함께하는 사람들에게 나음을 넘어선 다름으로, 차별화된 제품을 만들어 당시 레드 오션이던 시장에서 다크호스가 되어 반드시 업계 1등을 차지하자고, 우리가 가야 할 땅을 제시하고 약속했다.

③ 우습게 보다간 큰코다친다

예전 회사에 있을 때의 일이다. 외부에서 들어온 사람들이 신사업을 시작하면서 내가 열심히 일으켜 세워 성과로 만들어낸 회사 자금을 적지 않게 쓰고서도 실패하는 모습을 보며 무척 화가 난 적이 있다. 그런데 막상 내가 그런 처지가 되고 보니, 이 회사의 기존 직원들도 혹시나 우리를 그렇게 보지 않을까 싶어 걱정스러웠다. 그때는 그래도 기본적인 시스템이라도 마련되어 있었지만, 여기는 스타트업이다 보니 시스템이나 복지 제도는 고사하고 뭐 하나 제대로 갖춰진 것이 없어서 완전히 맨땅에 헤딩하는 것이나 다름없었다. 제도도 미비했고, 회계 지식이나 사업기획 지식도 부족했으며, 체계가 전혀 잡혀 있지 않아 정말 이래도 되나 싶을 정도였다.

그런데 뜻밖에도 젊고 패기 넘치는 이들이 있었다. 그들은 정말 대단했다. 열심히 일했고 능력도 있었다. 온라인 사업에서 거칠 것 없이 성장한 젊은이들답게 신박한 생각이 넘쳤다. 밤낮을 가리지 않는 열정과 패기가 충만했고, 성장하고 싶다는 열정도 솟구쳤다. 더군다나 그들은 착하기까지 했다.

새로운 곳에는 새로운 곳의 룰이 있다. 지금은 잘못된 것처럼 보여도 지나고 보면 틀린 게 아니라 다른 것이었다는 걸 알게 되고, 당장은 알아차리기 어려워도 시간이 지나고 보면 발전을 위한 과정이었다는 걸 깨닫기도 한다. 새 땅의 룰과 문화를 이해하고, 배울 점은 곧바로 배워야 한다. 그런 뒤에 내 경험과 역량을 보태고 섞어야 비로소 새 땅의 장점을 온전히 내 것으로 만들 수 있다.

나는 6년 동안 그곳에서 시장을 바라보는 새로운 시각과 온라인 시장을 배웠다. 그러나 무엇보다 소중한 재산은 2030세대와도 함께할 수 있다는 자신감을 얻었다는 사실이다. 처음에는 20대가 나를 "명지 님"이라고 부르는 소리에 화들짝 놀라곤 했지만, 그들과 함께하면서 문득 열 살은 더 젊게 생활하는 나를 발견했다. 경력이 짧다고, 제도가 잘 갖춰져 있지 않다고 무시하지 말고 내가 배울 수 있는 것에 집중해야 한다. 그래야 내가 얻을 것도 더 많아진다.

④ 디테일로 파고들기

새로운 땅에 도전했다면 무조건 행동해야 한다. 이것저것 따지다가는 아무것도 이루어낼 수 없다. 결과를 낼 방법을 찾아야 하고, 행동으로 옮겨야 한다. 비록 실패로 끝나더라도 재빨리 고쳐서 다시 도전하면 된다. 성공할 방법을 다시 찾고, 꼼꼼하게 따져가며 실행해보자.

사람을 대할 때도, 일을 잘하기 위해서도 디테일의 힘은 대단히 중요하다. 디테일은 집중력의 문제라고도 할 수 있다. 더 자세하고 꼼꼼하고 빈틈없이 파고들어서 행동으로 옮기고, 안 된다고 금세 포기하지도 말고 진득하게 버텨내는 집중력이 필요하다. 늘 그렇듯, 버티는 놈이 결국 이기고, 이긴 놈이 모든 것을 차지한다는 건 만고의 진리다.

연두농장에서 주문한 야채 한 상자가 왔다. 복을 부르는 해바라기도 함께. 야채를 주문한 고객에게 담아 보내는 진심이다. 마음은 디테일로 나타난다.

업무를 잘하고 못하고의 차이는 집중력과 디테일에서 나온다. 세심하고 꼼꼼하게 파고들고, 할 수 있는 건 무조건 해보는 게 중요하다. 새로운 곳으로 갔다면 더더욱 성과를 내야 한다. 내가 가진 실력과 집중력으로 성과가 나올 때까지 계속 행동하면서 진득하게 기다려야 한다. 새로운 땅일수록 더 많은 인내가 필요하다. 이것이 새 땅에 들어선 이방인의 성공법이다.

⑤ 잘해주는 사람 못 당한다

새로운 곳에서 내 사람 만들기란 절대 쉽지 않다. 내가 드세고 독한 여자라는 욕을 먹어가면서 배운 한 가지가 있다면, 누구에게나 잘해야 한다는 것이다. 마음을 쓰고 관심 보이고 친절히 대해야 한다. 나이를 먹어서 깨달은 것일 수도 있지만, 잘해주는 사람에게 당해낼 장사는 아무도 없다.

옮겨 간 회사에 로봇이라고 불리던 친구가 있었다. 나는 그 친구와도 잘 지내고 싶었다. 그는 말을 이쁘게 하진 않았지만, 가만히 눈여겨보니 업무 성과도 잘 만들어냈고 직원들에게도 그 나름대로 믿음을 주는 사람이었다. 그래서 무조건 잘해주기로 했다. 비록 오랜 시간이 걸렸지만 결국에는 그와 아주 친한 사이가 되었다.

또 한 가지, 대인 관계를 위해 노력한 것 중 하나가 욱해서 큰소리치는 습관 바꾸기였다. 예전엔 이랬네, 저랬네 하면서 옥신각신하다가 치밀어오르는 감정을 감추지 못하고 큰소리치며 화를 내는 일이 많았다. 단시간에 고친 건 아니었지만 의식적으로 흥분을 가라앉히려고 하나, 둘, 셋… 숫자를 세면서 감정을 가라앉히려고 오래 노력한 끝에 결국 못된 습관을 고칠 수 있었다.

사람은 누구나 잘 웃어주고 잘해주는 사람에게 마음을 열게 되어 있다. 잘해주는 사람에게는 당해낼 장사가 없다. 새로운 곳에서 터를 잡고 친구를 만들어가기 위해서는 부단히 노력하지 않으면 안 된다. 시간은 걸렸으나 친구가 생기기 시작하자 내가 하는 일에도 도움과 관심이 따라왔다. 덕분에 일하기도 좋아졌지만, 친구가 있어서 덜 외로웠다. 그럴수록 일은 더 즐거웠고 친구들은 더 많아졌다.

⑥ 대체 불가능한 사람이 될 것

무언가를 새로 시작할 때 누구나 하는 똑같은 방법으론 앞서나가기가 힘들다. 모두가 잘된다는 곳은 경쟁률이 엄청나다. 새로 시작해서 자리를 잡고 성공하기가 그래서 어렵다. 새로운 도전, 새로운 회사로의 이직, 신규 투자 결정도 마찬가지다. 투자의 오래된 명언 중에 "위험이 클수록 기대 수익도 크다(High Risk, High Return)"라는 말이 있다. 경쟁력은 남들이 하지 않고, 가지 않는 길에 도전할 때 만들어지는 것이다.

사업 분야에서 사람들이 대부분 꺼리는 분야가 영업 관련 일이다. 그런데 우리 회사의 남자 관리자 한 분은 55세가 넘은 나이에도 남들이 다 꺼리는 전국 영업 총판 관리를 맡아 잘해내셨다. 새로 인수합병을 한 뒤에는 지역 총판 관리는 물론이고, 새로운 영업지역 개척에서도 눈부신 활약을 했다. 덕분에 적지 않은 나이에도 기대 이상의 성과를 올려 새로운 업무까지 맡아보게 되었다.

사람들은 대개 까다롭고 어려운 일보다 오퍼레이션 관리 업무 같은 비교적 쉬운 일을 선호한다. 하지만 간단하고 쉬운 일은 언제든 다른 사람이 대신할 수 있다. 오래 계속할 수 있는 일도 아니다. 그래도 굳이 그 일을 하겠다면, 대체 불가능한 사람이 되어야 한다. 그런데 업무 능력을 발전시킬 생각도 하지 않고, 언제든 더 낮은 임금을 받는 사람으로 대체될 수 있다는 사실도 깨닫지 못해 다음을 준비하지 않는 이가 많다. 위기감을 전혀 못 느끼는 사람이 많다는 사실이 놀라울 따름이다.

나는 흔히 여자들의 일이라고 여기던 인사, 커뮤니케이션, 오퍼레이션 같은 업무가 아닌, 교육 업무로 시작해 마케팅, 영업관리, 전략 등으로 업무 영역을 확장해가면서 경쟁력을 키웠다. 요즘은 온라인·디지털 분야의 세부 영역이 늘었고, 거기서 생겨난 새로운 업무도 많아졌다. 그런데도 매출과 직결되어 사업수익을 만들어내는 이런 핵심 분야로 진출하는 여자는 여전히 많지 않다. 남들과 다르게, 조금은 어려운 분야에 도전해야 내 경쟁력도 높아진다. 내 경쟁력을 높여야 새 땅에서 살아남을 수 있다.

신사업에도 똑같은 원칙을 적용할 수 있다. 이런 말을 하면 다들 "그걸 모르는 건 아닌데, 너무 어렵다"라며 푸념한다. 어려운 일일수록 도전해야 하고, 남들이 꺼리는 곳일수록 기회가 많다.

⑦ 어려움도 감사하게

모든 것이 그렇듯 감사하다고 생각하면 감사한 일이다. 심지어 일이 잘 안 됐을 때도 감사할 거리를 찾으면 보인다. 반대로 감사함을 잊으면 원망과 핑계만 생길 뿐이다. 새로운 일을 시작할 때나 업무에서 한 단계를 넘어갈 때 그런 기회가 생겼다는 것과 도움 준 사람들에게 감사하자. 안 좋은 결과가 나왔을 때도 배울 기회가 생긴 것에 감사하자.

새 사업 론칭 뒤 정말 많은 사람과 합을 맞춰 일했다. 그러다가 어느 날 갑자기 원망하며 떠나버리는 사람이 생겼다. 그는 일은 자기가 다한 것 같은데 제대로 인정받지 못했다고 분해했다. 신사업이 어렵고 힘든 건 분명하지만, 사실 혜택은 그가 가장 많이 받았는데 말이다. 결국 그가 이룬 성과는 남아 있는 사람 차지가 됐고, 공도 모두 그들에게 돌아갔다. 안타까웠지만 관계의 예방주사라고 여기고 감사하기로 했다. 감사만이 일이 되게 하는 방법이다. 모든 일에 감사하기가 쉽지도 않지만, 그렇다고 어려운 일도 아니다.

Key Advice

버티는 것이 답일까 고민하는 40대를 위한 조언

① **하나, 전투력을 가져라**
두각을 나타내는 리더가 되기 위해서는 역량이 뛰어나야 하는 것은 물론이거니와 야성과 전투력을 가져야 한다. 사람 좋다는 말을 듣겠다고 먼저 양보하거나 물러서서는 안 된다. 인색한 평가나 뒷말에 휘둘리지 말고 업무 성과를 높이는 데 집중해라.

② **둘, 제2의 인생을 준비해라**
20년 정도 내공이 쌓인 40대가 제2의 인생을 준비하기 적합한 시기다. 새로운 인생을 설계해보자. 변화가 필요할 때는 만나는 사람, 머무는 공간, 쓰는 시간, 즉 천지인(天地人) 중 하나를 바꿔라. 나를 둘러싼 환경이 달라지면 내 생각과 행동도 달라진다.

③ **셋, 남들이 가지 않는 길에 도전해라**
사람들은 대개 까다롭고 어려운 일보다 비교적 쉬운 일을 선호한다. 하지만 도전해야 성공할 수 있다. 나에게 쉬운 일은 남들에게도 쉽다. 그 자리에 계속 있고 싶다면 대체 불가능한 사람이 되어야 한다. 업무에 관해서라면 쉬지 않고 공부해 경쟁력을 높이자.

Check Check

나 지금 잘하고 있나요?

☐ 동료와 팀원들을 신뢰하고 진심으로 대한다.
☐ 업무를 수월하게 진행하지만, 안주하지 않고 새로운 분야에 도전한다.
☐ 여성을 평가하는 잣대에 휘둘리지 않고 성과에 집중한다.
☐ 미래에 대한 고민과 계획을 구체적으로 재정비한다.
☐ 견디는 것만이 능사가 아니라는 점을 알고, 적극적으로 상황을 바꾸려고 노력한다.

3
50대, 가장 좋은 것 기대하는 시기

2023년부터는 만 나이를 쓴다. 그러면 나는 다시 40대가 된다. 그래도 어느덧 우리 나이로 50을 넘어섰다. 《논어-위정 편》에서는 50대를 하늘의 뜻, 즉 천명(天命)을 알게 되는 지천명이라고 했다. 하늘의 뜻을 알아 그에 순응하고 하늘이 맡겨준 사명을 깨닫는 나이라는 것이다. 40대까지는 주관적 세계에 머물렀다면, 50대에는 객관적이고 보편적인 세계에 들어서는 시기라는 뜻이다.

아직은 초짜 50대여서 내가 과연 객관적이고 보편적인 세계로 들어왔는지 잘 모르겠다. 다만, 나 자신에 관해서는 어느 정도 객관적으로 알게 된 것 같다. 내가 좋아하는 것, 싫어하는 것, 부족한 것이 무엇인지를 이전보다 분명히 알고 있다. 그래서인지 싫어하거나 좋아하지 않는 일은 하지 않는 지혜가 생겼고, 내가 뭘 좋아하는지 몰라서 마음 불편한 상황도 많이 줄었다. 그러니 앞으로는 많은 부분에서 전보다 조금은 더 좋아지지 않을까? 40대에는 새로운 일을 준비하고 달렸다면, 50대는 더 좋은 것을 기대할 수 있는 나이가 아닐까. 그게 편안함이든 안락함이든, 아니면 다시 시작하는 또 다른 출발이든.

누군가 50대는 돈이 가장 두려운 나이라고들 한다. 가족을 돌보고 아이들 키우느라 돈은 끝도 없이 들어가는데, 젊을 때만큼 잘나가는 것도 아니기 때문이라면서. 또 회사에서 언제 잘릴지 모른다고 걱정하면서 겸손하다 못해 비굴하기까지 한 모습을 보이는 이들도 있다. 하지만 어떤 이는 50대 중반까지 치열하게 준비해서 한 지방 도시에 꿈꿔왔던 위스키 바를 차리고 위스키 덕후가 되었다. 그는 많은 이들과 소통하며 자신의 바를 지방 명소에 올려놓음으로써 마침내 제2의 전성기를 맞았다. 젊을 때부터 현장에서 잔뼈가 굵은 어느 50대는 지금도 활기차게 현장을 누비며 인생 최고의 연봉을 벌어들이고 있다. 그는 50대가 정말 괜찮은 나이라고 말한다.

누구나 현재를 열심히 산다. 하지만 준비하고 계획하고 성장한 사람과 그렇지 않은 사람은 50대가 되면 그 차이가 뚜렷해진다. 이미 현재진행형이 달라진 것이다. 노후 대비용으로 월 고정 수입 300만원을 준비해서 은퇴하는 것이 꿈이라는 40대가 있다. 열심히 일해서 작은 목표를 이루고 나면 소박하고 안락한 삶에 자족하겠다는 것이다. 좋은 생각이다. 하지만 50대는 앞으로 살아갈 긴긴 세월과 변화무쌍한 미래, 다이내믹한 일들이 너무 많이 남아 있는 나이다. 인생 시계를 24시간으로 보면 2시밖에 되지 않은 시기. 할 일도 많고, 하고 싶은 일도 많고, 앞으로 더 좋은 일이 많을 나이다. '이쯤에서', '이 정도면', '여기까지'라는 생각은 너무 안이하다. 새로운 시작을 준비하고 더 좋은 것을 기대해야 한다.

나도 예전에 딱 53세까지만 일할 거라고 마음먹은 적이 있다. 그런데 열심히 살다가 막상 50대가 되고 보니 3년 뒤에 끝내버리기에는 아쉽다는 생각이 들었다. 가장 좋은 것은 아직 오지 않았고, 새로 하고픈 것들은 지금도 너무 많기 때문이다. 40대까지 배워둔 것도 너무 두둑하다. 그냥 썩히기엔 아깝지 않은가. 인생 전략을 다시 짜야 한다. 당신은 어떤 선택을 하고 싶은가.

▌ 두드리면 열린다

40대 후반에 전 세계를 덮친 코로나19의 여파로 키즈스콜레를 론칭한 모 회사에 닥친 어려움이 더욱 커졌다. 학원 사업 기반이라 수익은 온라인으로 어찌어찌 만든다 해도, 오프라인 사업장인 학원 임차료와 덩치를 불리면서 늘어난 직원들 인건비로 막대한 고정비가 들어갔다. 기초가 튼튼하지 못한 탓에 우리가 입은 타격은 더 컸다. 이런 위기엔 강하고 준비된 기업만이 살아남는다. 사람도 마찬가지다. 모두가 어려울 땐 철저히 준비된 자만이 살아남을 수 있다.

사업은 무조건 잘돼야 한다. 그래야 그 사업에 연관된 사람들과 그들 가족 모두가 그나마 보통의 삶이라도 누릴 수 있다. tvN의 나영석 피디가 어느 예능 프로그램에 나와서 자신의 캐스팅 조건을 이야기한 적이 있다. 그는 무조건 시청률 잘 올리는 사람들과만 일한다고 했다. 방송 화면에는 몇 안 되는 사람들만 보이지만, 프로그램 하나를 만들기 위해서는 수십 명의 스태프와 제작자가 참여하고 그들 모두의 삶이 그 프로그램 성패에 달려 있다. 그런 이유로 시청률은 무조건 높게 나와야 하고, 자신은 무조건 시청률 잘 만드는 사람들과만 일한다는 것이다.

가슴에 팍 꽂혔다. 사업이 잘못되면 몸 담은 직원들은 다 어디로 가야 하나. 몇 년 동안 모든 것을 쏟아부은 우리의 노력과 시간은 또 어떻게 되는 건가. 암담한 시간이었다. 자금 사정이 어렵다는 사실을 직원들에게 말도 못 하면서 현장 식구들의 사기를 높이겠다고 "우리는 된다"라는 문자를 보냈다. 최고 매출을 올렸는데도 회사의 우선순위에 밀려 현장에는 수수료를 제때 보내지 못한 적도 있고, 협력 업체에 사정해서 입금 일자를 바꾸기도 했다.

월급이 제날짜에 못 나갔으니 모를 수가 없었는데도 현장 식구들은 그런 사정을 이해해주었고, 새 브랜드의 성장을 만들어간다는 생각으로 끝까지 떠나지 않고 함께해주었다. 아무리 우선순위가 달라도 그렇지, 직원들에게는 월급이 1순위인데 그걸 미루고서도 회사에서는 솔직한 답변도, 대비할 정보도 주지 않았다. 내가 사장도 아닌데 그런 일까지 신경 쓰는 것도 힘들었다.

그 와중에 모회사의 주인이 바뀌고 투자 회사가 들어와서 사업부를 나눠 팔 거라는 소문도 돌았다. 코로나19 사태 속에서도 꾸준히 높은 성장률을 기록해온 사업은 물론이고, 함께해온 많은 현장 식구까지…. 거기서 멈출 수는 없었다.

살아남으려면 방법을 찾아야 했다. 수많은 사람과 일궈온 사업을 어떻게든 이어가야 했다.

결국 우리에게 투자할 곳을 직접 찾아 나서기로 했다. 투자자를 만나고 투자사를 찾아다니며 사업 설명을 했다. 내가 대표이사도 아닌데 이렇게까지 해야 하나, 왜 내가 자금 걱정까지 해야 하지, 이렇게까지 살아남으려고 발버둥 쳐봐야 나도 일개 직원일 뿐인데, 내가 이렇게 애쓰고 있다는 걸 회사에선 알기나 할까…. 이런 생각이 수시로 머릿속을 헤집었다. 그러면서도 잠자는 시간 외에는 매일 매 순간 어떻게 살아남을지 고민하며 살길을 찾아 헤맸다. 제휴 설명을 위해 갔다가 사업 매각을 기대하는 자리였다는 걸 알고 좌절하기도 했다. 그러나 포기할 수는 없었다.

그렇게 1년가량의 M&A 준비 과정을 거쳐 D교육그룹에 합류했다. 우리 브랜드 이름 (주)키즈스콜레가 회사명이 되었고, 나는 그 회사의 CEO 직함을 얻었다. 공채 직원으로 시작해서 임원으로 승진했고, 이직해서 새로운 브랜드를 만들었고, 기업 M&A까지…. 나는 보통 회사원들이 경험해보지 못한 갖가지 일들을 모두 경험해본 사람이 되었다. "서명지는 팔자가 드세서"라며 수군거리는 사람도 있고, 오히려 대단한 경력과 엄청난 경쟁력의 소유자라고 칭찬하는 사람도 있다. 무슨 말이든, 어떤 평가든 상관없다. 이런 큰일들을 겪어오면서 나는 어디서 무슨 일을 하든 잘할 수 있다는 자신감과 전투력을 얻었으니까.

■ 49세 대표이사, 할 수 있을까?

MBA를 마쳤을 때 남편이 물었다.
   "앞으로 뭐 할 거야?"

"글쎄 뭐… 여자에게 계속 임원을 시켜줄까? 교육 컨설팅을 하고 ○○○ 씨처럼 강연을 좀 해볼까 봐. 내가 말발이 좀 되잖아."

"그럴 거면 MBA를 왜 했어? 아깝게…."

"그럼 뭘 해야 했는데?"

"경영대학원을 했으면 끝까지 가봐야지!"

"내가 할 수 있을까?"

"당연하지. 그걸 말이라고 해?"

그때는 나 자신도 여자니까 더는 안 될 거라는 생각을 했던 것 같다. 그날 남편 말을 들으면서도 그저 "당신은 참 좋은 남편이야"라면서 웃어넘겼으니까.

브랜드를 만들어놓고, 이 브랜드로 분사해서 CEO가 되면 좋겠다는 막연한 생각은 했었다. 하지만 C레벨에 올랐다는 것만으로도 여자로서는 많이 이룬 거라고 여겼다. '부대표면 됐지. 누가 나한테 CEO를 맡기겠어' 하면서 그 정도면 충분하다고 만족했던 것 같다.

결심의 장소, 호암미술관 앞 삼만육천지.
이곳에서 다짐을 했고, 주문을 걸었다.
"나는 할 수 있다."

그래서였을까? M&A로 분사하게 되자 더럭 겁이 났다. 내가 만든 브랜드인데도 내가 과연 할 수 있을까, 이 많은 사람을 어떻게 책임지지, 하는 걱정 때문에 점점 더 막막해졌다. 모회사 형편이 안 좋아서 더 불안했고, 분사 결정에 따라 어쩔 수 없이 맡겨진 대표 자리에 두려움이 앞섰다. 그때 헤드헌터를 통해 다른 회사 C레벨급으로 영입하겠다는 제안이 왔다. 최신 트렌드에 맞는 엔터테인먼트 학원 사업과 글로벌 영어 전문 회사에서도 좋은 조건을 내밀었다. 안정적이고 안락함이 보장되는 제안이어서 거절하기 힘들었다.

'회사나 조직은 나 없이도 잘 돌아갈 거야', '이만큼 수고했으니 이제 그만하고 편하게 살아도 되지 않을까'. 달콤한 유혹이 머릿속을 맴돌았다. 많은 사람을 책임지는 자리는 너무 무섭고 두려워서 굳이 내가 하고 싶지는 않았다. 그러면서도 내가 만든 브랜드, 내 사람들을 버리고 혼자만 편하겠다고 다른 곳으로 간다면 아이를 버리고 혼자만 잘살겠다고 다른 남자에게 시집가버리는 엄마와 다를 게 뭐냐는 생각도 들었다. 어려운 곳일수록 기회가 많다고 여겼던 평소 믿음도 자꾸 마음을 흔들어댔다. 2020년 11월, 결국 나는 자회사로 독립해 우리 모두를 구하기로 마음먹었다.

경기도 용인 호암미술관 입구에는 봄이 되면 아름다운 벚꽃으로 가득한 가실벚꽃길과 삼만육천지라는 독특한 이름의 호수가 있다. 용인 8경의 하나로 꼽히는 아름다운 봄 드라이브 길이 유명하지만, 겨울을 코앞에 둔 11월의 호숫가엔 사람 그림자 하나도 보이지 않았다. 코로나19 여파로 미술관의 문도 굳게 닫혀 있었다. 겨울처럼 추운 가을날 오후, 나는 칼바람 부는 호수를 바라보면서 마음을 굳혔다. 어차피 아무것도 없는 제로 상태로 시작해서 5년 만에 누적 매출 1000억원을 달성했다. 29개 지역 거점인 라운지를 만들었고, 그간 업계에서 하지 못했던 백화점에도 진출했고, 현장 인력 500명도 만들어냈다. 제로에서도 해냈는데 제품, 브랜드, 사람까지 다 있는데 못할 게 뭐냐고, 늘 그랬던 것처럼 무작정 해보자는 용기가 생겼다.

49세 어지 CEO로서 처음 결심처럼 시장의 다크호스로 1등을 해내자, 내 사람들과 함께 성공을 만들어보자, 각오를 다졌다. 그러면서 늘 여자 후배들에게 해주던 조언으로 나 자신에게 주문을 걸었다. "Keep Going! 할 수 있다!"

▍시장에 있는데, 없는 것

브랜드를 만든 지 5년, 단일 브랜드 누적 매출 1000억원을 기록하며 키즈스콜레는 유·초등 도서 브랜드에서 하이엔드 브랜드로 자리 잡았다. 엄마들 사이에서는 갖고 싶은데 갖기 힘든 브랜드란 평가를 받았고, 구매하면 엄마들이 SNS에 구매 인증을 올리며 자랑하는 브랜드가 되었다.

초창기에 있었던 일이다. 예전에 함께 일했던 직원이 경쟁 회사에 면접 보러 가서 우리 회사 전망을 묻는 말에 "요즘 같은 불경기에 그런 게 되겠냐. 키즈스콜레는 망할 거다"라고 대답했다는 말이 들려왔다. 이전 회사에서 내가 직접 면접을 봐서 뽑은 신입이었고, 현장 계약직에서 정직원으로 전환해 관리자로 성장한 친구였다. 참 아끼던 직원이었는데, 내 마음이 제대로 전해지지 않았다고 생각하니 안타까웠다.

한편으론 못된 사람들 참 많네, 이래서 머리 검은 짐승은 거두는 게 아니라던 어른들 말씀이 맞는구나, 싶기도 했다. 그때 불현듯 오기가 생겼다. 모두가 레드 오션이라 말하지만 나는 이 시장에서 답을 찾아내고야 말겠어, 누가 하느냐에 따라 결과는 달라지는 거잖아, 내가 성공하는 모습을 꼭 보여주고 말 거야! 나는 엄마들이 갖고 싶은 브랜드, 갖고 싶지만 갖기는 힘든, 그래서 손에 넣으면 너무 기쁘고 뿌듯한 브랜드를 만들기로 마음먹었다. 그러고는 오기와 독기로 달려들었다.

키즈스콜레 라운지는 각 도시의 콘셉트가 담겨 있다. 여수 라운지에는 호주 범고래 이야기가 바다 풍경과 어우러져 있다.

책은 아이들의 놀잇감이고 학령기

이전의 아이들에게 책은 놀이하듯 재미있게 체험하는 것이어야 한다. 우리는 우리 브랜드를 아이와 부모가 함께 책을 가지고 놀면서 이야기를 나눌 수 있도록 기획했다. 부모라는 환경을 몸으로 느끼면서 독서가 아이의 인생 습관이 되도록, 그것이 위대한 인생의 놀라운 첫 시작이 되어 누군가의 인생에 도움이 되도록 해서 엄마들이 갖고 싶은 1등 브랜드가 되겠다는 목표를 정했다.

우리는 6년이 된 지금도 그 처음 생각을 잊지 않고, 좀 더 정교하고 꼼꼼하게 다듬어가며 고객을 만나고 있다. 자금과 시스템이 없어서 만들지 못했던 온·오프 브랜디드 채널도 드디어 오픈했다.

"우리는 제품을 만들 때 시장에 있는데, 없는 것을 만들어야 해요."

내가 이런 말을 했을 때 우리 제품 개발실 직원들은 불만을 토로했다.

"우리 책이 무슨 홍길동이에요? 아버지를 아버지라 부르지 못하는 것처럼 감정 책을 감정 책이라고 못 하고, 인물 책을 인물 책이라고 부르지 말라니…. 게다가 시장에 있는데, 없는 것을 만들라니요."

그러면서도 그들은 지금 '나음보다 다름'으로 차별적인 포지셔닝을 계속해서 만들어가고 있다. 처음 브랜드를 만들 때 발상에 도움을 준 책은 마스다 무네아키의 《지적자본론》과 홍성태 교수의 《나음보다 다름》이었다. 지금도 자주 꺼내 보곤 하는데, 그때마다 "지금까지 참 잘했어"하고 내 머리를 쓰다듬고, "우리 참 잘했다"하고 칭찬한다.

▌내 꿈은 최고의 스토리텔러

사람은 누구나 자기 인생의 스토리텔러다. 자기 생각과 가치에 따라 살면서 자기 스토리를 써가는 것이다. 브랜드도 마찬가지다. 자기 브랜드의 가치를 시키고, 그 가치를 스토리텔링해서 계속 이야기를 이어가야 한다. 그것이 우리가 명품이라고 부르는 모든 브랜드가 해오고 있는 일이기도 하다.

100세 시대가 되면서 예전 같으면 은퇴 후 쉼을 준비하는 초저녁이었을 50대가 지금은 오후 2시밖에 안 된다고 한다. 아직 가야 할 길이 멀다는 말이다. 예전에는 인생 2막까지만 준비해도 문제가 없었다. 앞으로는 인생 3막, 아니 곧 4막까지 준비해야 할지도 모르겠다. 어떻게 생각하면 더 피곤해진 것 같기도 하지만, 그렇다고 여기서 멈출 수는 없다.

나는 아직도 더 잘하고 싶다. 내가 만든 브랜드가 회사 이름이 되었으니까. 내 인생 2막은 아직 결론이 나지 않았고, 새로 시작된 에피소드는 여전히 진행 중이다. 내 삶은 더 멋지고 긍정적으로 펼쳐가야 하고, 우리 브랜드는 더 알고 싶은 스토리로 채워가야 한다.

엔데믹 시대가 오면 나아질 것으로 기대했지만, 주변 상황은 도무지 나이질 기미가 보이지 않는다. 우크라이나 전쟁은 끝나지 않았고, 금리와 물가는 천정부지로 치솟았다. 전염병이 주는 공포도 여전하다. 우리는 이처럼 불안하고 불확실한 상황에서 새 출발을 했고, 새로운 사람들이 합류했다. 지금처럼 성장하려면 지금과는 '다르게' 새로운 시장을 개척해야 한다. 우리는 사업 초기에 내건 가치를 지키면서도 교육과 환경을 결합한 '에듀테리어'라는 새로운 시장을 열었다. 새로운 개념의 교육 제품과 온·오프 채널도 연계하려고 한다. 새로운 2.0시대, 다시 시작이다. 지금도 나는 꿈을 꾼다. 그리고 앞으로 더 좋은 것이 남아 있다는 것을 믿는다. 가장 좋은 것은 아직 오지 않았다.

Key Advice

안락한 여정을 기대하는 50대를 위한 조언

① **하나, 당신의 인생 시계는 이제 막 정오를 지났다**

인생을 24시간으로 나눈다면 50대는 오후 2시쯤밖에 되지 않은 시기이다. 할 일도, 하고 싶은 일도, 앞으로 더 좋은 일도 많을 나이다. '이쯤에서', '이 정도면', '여기까지'라는 생각은 이르다. 새로운 시작을 준비하자.

② **둘, 주인의 마음으로 일하라**

지금까지 일궈온 사업의 주인이 나라고 생각해야 한다. 주변의 수많은 동료와 그들의 삶이 나에게 달려 있다는 무거운 책임감을 견뎌라. 그만하면 되었다는 달콤한 유혹을 뿌리치고 어려움을 극복한다면 그 무엇도 두렵지 않은 강력한 전투력을 얻을 수 있을 것이다.

③ **셋, 살아남고 싶다면 무작정 방법을 찾아라**

진정한 실력자는 위기에서 빛난다. 철저히 준비된 자만이 살아남을 수 있다. 주변의 뒷말이나 평가에 휘둘리지 말고 오로지 지금의 고난을 어떻게 하면 헤쳐나갈 수 있을지 연구하자.

Check Check

나 지금 잘하고 있나요?

- ☐ 내가 좋아하는 것, 싫어하는 것, 부족한 것이 무엇인지, 자신에 관해 객관적으로 인식한다.
- ☐ 위기에 대비할 구체적 대처 방안이 있다.
- ☐ 동료를 위해 무조건 잘되어야 한다는 책임감이 있다.
- ☐ 애쓴 나에게 "지금까지 참 잘했어"라고 칭찬한다.
- ☐ 앞으로 더 좋은 것이 남아 있다는 사실을 믿는다.

" Everything Is
Going To Be OK "

" 당신은 세상에서
가장 소중한 사람입니다. "

" 잘은 모르지만
재미진 일이 시작된다! "

" 1%의 선택,
위대한 인생의 첫 시작
키즈스콜레 "

은 아름다워 "

" 넌 할 수 있다
해낼 능력이 있다 "

키즈스콜레 직원들의 명함 뒤에는 마음을 울리는 한 문장이 담겨있다. "상상할 수 있다면 그건 이미 현실이다" "행복은 습관이다"…. 출근길, 각자 마음 속 한 문장을 지니고 있는 사람은 꿈을 실현하는 사람이다.

"入道無門"

" 상상할 수 있다면, 그건 이미 현실이다 "

" 분명

기

and persistence
er all things. "

" 무엇을 시도할 용기조차 없으면서 멋진 삶을 바란단 말인가? "

" To
Bet

기적이다. "

" Carpe Diem! "

" 현재

" 행복은 습관이디 "

" 단순하게, 단단

일을 하면서도 행복할 순 없는 걸까.
누군가는 일터에서의 나와 일터 밖의 나를 분리하라고
말하지만, 결국은 한 사람이다.
좋아하는 일을 할 수 있으면 더없이 좋겠으나, 그렇지 않다면
나는 무엇을 좋아하기 위해 얼마나 노력했는지 돌아봐야 한다.
사랑은 관심에서 시작된다.

2장.
여자와 일

잘하고 싶다면 일단 많이 해볼 것

가끔 '일벌레', '워커홀릭' 소리를 듣는다. 요즘은 그 말이 '꼰대'라는 욕처럼 들릴 수도 있지만, 나는 오히려 전문가로서 계속 성장해가는 사람이라는 칭찬이라고 생각한다. 나는 일을 즐기는 일벌레다. 목표를 이루려고 시간과 노력을 아낌없이 투자한다. 노력과 투자 없이 저절로 되는 일은 아무것도 없으니까.

농구 선수 출신 서장훈은 제발 젊은 친구들에게 편하게 해도 된다, 천천히 가도 된다는 말을 함부로 하지 말았으면 좋겠다고 했다. 자신은 농구든 예능이든 절대 편하게 천천히 하지 않았다며, 대충 해선 아무것도 될 수 없다고. 다들 성공은 부러워하지만, 그렇게 되기까지 쏟아부은 노력에는 관심이 없다.

일이 늘 즐겁지만은 않다. 그런데 잘하면 그 일이 좋아진다. 잘하려면 열심히, 많이 해야 한다. 그러면 결국 잘하게 된다. 나도 일하기 싫을 때가 있었다. 하지만 장애가 있는 우리 아이를 안전하고 행복하게 키우기 위해서라도 간절하게 일이 필요했고 잘해야 했다.

직업에서 성취하기를 바라는 여자 후배들에게 묻고 싶다. 정말 최선을 다했는지, 간절히게 노력했는지. 기댈 사람이 있고 돌아갈 곳이 있어서 회사에서 징징거리는 건 아닌지…. 솔직히 남자 후배들은 징징거리지 않는다. 돌아갈 곳을 생각하지 않고, 가정은 자신이 지켜야 한다는 책임감 때문이다. 언제든 일을 그만둬도 된다는 생각에 어리광 부리면서 차별받는다는 불평은 하지 말아야 한다. 우리도 누구 못지않은 전투형 승리자가 될 수 있다.

1
일이란 무엇인가?

▌ 일이 좋은 사람도 있다

아침에 회사 가기 싫다는 생각을 할 때도 있다. 직원들과 이야기하다 보면 짜증 나고 꼴 보기 싫어서 이 일을 언제까지 해야 할지 고민한 적도 있다. 사람들은 대개 일을 좋아하고 사랑하느냐고 물으면 떨떠름하게 쳐다본다. 오죽하면, 월요일 아침 출근 시간에 방송되는 라디오 프로그램의 코너 이름이 '일어나, 회사 가야지'일까? 라디오를 듣다 보면 요새도 저런 상사가 있나 싶을 정도로 문제 있는 상사도 자주 나오고, 회사 가기 싫다는 댓글도 수두룩하게 달린다. 이제는 그만 내가 좋아하는 다른 일을 하고 싶다면서 회사를 그만두는 사람도 많다. 그런데 솔직히 자신이 하는 일이 너무너무 좋아서 하는 사람이 과연 몇이나 될까?

그런데 누가 나에게 지금 하는 일이 좋은지 묻는다면 망설이지 않고 내 일을 사랑한다고 대답할 것이다. 나에게 일이란 자부심이자 즐거움이며, 돈을 버는 매우 중요한 수단이다. 먹고살려고, 아이 잘 키우려고 일했다. 일 잘하는 것이 내 아이를 지키기 위해 내가 할 수 있는 최선이었다. 아직도 나는 일이 즐겁다. 더 잘하고 싶고, 일 잘하는 내가 자랑스럽다.

일에 집중해온 28년의 시간이 나를 전문가로 만들어주었다. 책을 보고 만들고 팔았고, 고객들을 만나고 작가들과 이야기했다. 판매 현장에서 열정을 다하는 사람들에게서 에너지를 받았고, 그 덕분에 성장했다. 그런 하루하루로 채워진 내 인생에서 일은 떼어놓고 생각할 수 없는, 내 삶을 더욱 열정적으로 살아내게 해주는 무기 같은 것이다.

내 일의 가치는 내가 만든다. 실력이 쌓이면 쌓일수록 내가 결정할 일도, 내가 할 수 있는 일도 더 많아진다. 누가 시켜서 하는 일은 재미없지만, 내가 만들어서 하는 일은 재미있기 마련이다. 나는 책을 통해 누군가의 태도를 바꾸고, 인생을 가치 있게 만드는 데 도움을 주지만, 그 덕분에 나도 경제적 자유를 얻고, 당당하고 가치 있는 삶을 만들어가고 있다.

'베란다 라이브러리'. 손이 가는 곳에 보고 싶은 책을 정리해 두고 틈날 때 마다 열어본다. 짐승이 풀 뜯어먹듯이 야금야금.

▌▌ 대한민국 최고의 책 파는 할머니

교육 회사에서 처음 일을 시작한 나는 책과 교육의 전문가라기보다는 기획자, 관리자였다. 하지만 지금은 내 일을 좋아하고 사랑하며, 책과 아이들 교육 분야에서 차별화된 제품을 만들어낼 역량을 갖춘 전문가가 되었다.

구독자 93만 명을 보유한 밀라논나라는 70대 유튜버 할머니가 있다. 젊은 사람들과도 소통하며 책도 내고 방송도 한다. 잘 자란 자식들이 나와서 엄마를 돕는 모습도 참 멋지다 나도 70대에는 저렇게 여유로운 모습으로 책과 교육 콘텐츠로 사람들에게 좋은 영향력을 끼치고 소통하는 사람이 되고 싶다는 생각을 했다. 그런데 그 전에 먼저 대한민국에서 책을 가장 많이 판 사람이 되고 싶다.

예쁜 책과 디자인을 보면 내 눈이 반짝인다. 새벽마다 핀터레스트나 해외 사이트에 올라온 책과 문구류, 교육 물품들의 디자인을 보면서 맘에 드는 색이

나 일러스트는 저장해두고, 우리 책에 어떻게 적용할지를 상상한다. 어떻게 하면 우리 책을 더 예쁘고 더 아름답게 만들까, 어떻게 해야 더 읽고 싶은 책이 될까, 어떤 다름으로 시장에서 포지셔닝할 수 있을까 상상하다 보면 어느새 밤이 깊어진다. #키즈스콜레, #책, #책방 #책읽기 등을 검색하는 밤이 나에게는 가장 달콤한 시간이다.

우리 책을 재미있게 보는 아이들, 우리 브랜드 스토리에 공감하고 우리 공간에 감탄하고 매료되어 소통해주는 엄마 아빠와 아이들을 보면 뿌듯하고 사랑스럽다. 우리 책을 보고 달라지는 아이들을 보면서 우리 책을 더 사랑하게 되었다는 맘카페 엄마들의 글을 읽으면 가슴이 뭉클하다. 바쁜 업무 시간을 쪼개서 와준 아빠들과 베이비페어 부스를 다 돌아봤는데, 우리 브랜드가 가장 합리적인 독서법이고 가격이었다고 관람 후기를 올린 어느 엄마의 블로그를 보고 감동하기도 했다.

열심히 최선을 다해온 순간들이 차곡차곡 쌓이면서 이제는 브랜드가 꽤 알려졌고, 일에 대한 사랑과 자부심도 커졌다. 밀라논나가 옷과 디자인, 생활, 인테리어로 젊은이들과 소통하는 인기 유튜버라면, 나는 대한민국 최고의 책 파는 할머니, 예쁘고 좋은 책과 합리적 독서법으로 이름난 할머니가 되고 싶다. 멋지고 훌륭한 교육 상품을 만들어 수많은 고객의 사랑을 받는 대한민국 최고 브랜드를 만들고 싶다. 대한한국의 대표 책 장수, 대표 콘텐츠 장수가 되어 사랑하는 내 일을 하면서 의미 있고 행복한 삶을 누리고 싶다.

▍진정한 워라밸

일은 나에게 자존감을 심어주는 것은 물론이고 기쁨, 돈, 명예도 준다. '워라밸'

은 일Work을 하면서도 삶Life의 균형Balance을 맞춘다는 뜻이다. 싫은데도 해야 해서, 누가 시켜서 억지로 일을 하면 일과 삶은 삐걱댈 수밖에 없다. 하지만 일이 재미있고 즐거워서 스스로 기꺼이 한다면 그것이야말로 일과 삶의 균형을 이루는 삶, '워라밸'이라 할 수 있다.

일은 손톱만큼만 하고, 돈을 많이 버는 것도 아니면서 다음을 준비하지도 않고 은행 대출이나 카드 빚으로 살아가는 사람도 있다. 그러면서도 워라밸을 한다고 한 달 제주살이를 하고, 대책 없이 카드를 긁어대고, 벌면 버는 대로 다 써버린다. 신용사회라는 미명으로 '할부 인생'을 살아가는 것이다.

누구에게나 워라밸이 필요하다. 일과 삶의 균형도 중요하다. 그런데 워라밸은 아무 때나 아무렇게나 할 수 있는 것이 아니다. 일하는 동안 미리 미래를 계획하고 준비해야 한다. 놀 때도 계획적으로 놀아야 한다. 일과 삶의 '균형'이 중요한데, 삶에만 눈길을 두고 현실을 불평하고 괴로워하면 안 된다. 일하면서도 내 여건에 맞춰 잘 계획하면 놀고 여행하고 운동하고 돈을 모을 수도 있고, 아이도 키울 수 있다.

건강 찾기를 목표로 방향을 잡는 중. 링에서 내려오지 않아야 게임은 계속된다. 모든 일이 그러하다.

나는 우리 책들을 알리고 싶어서 한밤중에도 SNS를 한다. 우리 책을 사랑해주는 분들과 소통하는 것은 정말 짜릿하고 뿌듯하다. '아… 우리 잘하고 있구나. 우리 너무 멋지구나' 싶어서. 그러면서도 시간 날 때마다 계획을 짜서 가족 여행도 가고, 아들과 호캉스도 즐기고, 열심히 운동도 한다. 다른 사람 기준으로는 워라밸에 못 미칠지 모르겠지만 상관없다. 내가 번 돈으로 잘 계획해서 즐겁게 쓰니 더욱 즐겁고 행복하다. 회사에서 보내주는 해외 연수나 뮤지컬도 좋지만, 내가 열심히 일해서 번 돈으로 가고 싶은 데 가고, 보고 싶은 거 보는 건 정말 꿀맛이다. 진정한 워라밸을 찾아보자. 행복이 곱절로 늘어난다.

목적지를 발견하는 법

많은 사람이 윤여정 씨 이야기를 하니 특별할 것도 없지만, 그는 대단한 성공을 이루어낸 배우다. 그런데 그의 성공 비결도 화제지만 솔직한 입담이 더 깊은 공감을 불러일으킨다. 그는 돈이 필요해서, 그리고 이혼하고 아이들을 혼자 키워야 해서 열심히 할 수밖에 없었다고 말했다. 제일 좋은 연기도 배고프고 돈이 필요할 때 가장 잘 나오더라며, 열심히 하다 보니 아카데미상까지 받게 되었다는 것이다.

처음에는 가고 싶은 곳이 없는 사람도 많다. 그런데 열심히 가다 보면 그 과정에서 가고 싶은 곳이 생긴다. 처음부터 거창한 목적지를 정하고 가야 하는 것도 아니다. 잘되고 싶고, 다르기를 원한다면 가까운 곳이라도 목적지를 정해 가다 보면 결과가 나온다. 가고 싶은 곳을 구체적으로 그려본 적이 있다면, 소소한 버킷 리스트를 작성해서 중간 기착지부터 만들어 보자.

나도 새해가 되면 "올해는 이거 하나만큼은 꼭 하고 만다"라며 소소한 목표를 세운다. 물론 '한 달에 1kg씩 12kg 감량'처럼 해마다 써봐도 이뤄지지 않는 일들이 있다. 그런데 내가 10년 동안 '내 이름으로 된 책 3권 출간하기'를 계속 써왔는데, 지금 이렇게 책을 쓰고 있다.

먼저 대학원 졸업으로 가방끈 늘리기, 독서지도사 자격증 따기, 그림책 테라피 교육받기, 골프 100돌이 넘기 등 노력을 쏟아부어야 하는 것들을 써본다. 그런 다음 〈엘리자벳〉, 〈마타하리〉, 〈레베카〉, 〈웃는남자〉, 〈킹키부츠〉 같은 뮤지컬 보기처럼 돈만 있으면 할 수 있는 것들을 써본다. 물론 내가 원하는 배우들이 나오는 공연의 R석을 차지하려면 예약에 힘을 들여야 하지만 말이다. 이렇게 소소한 버킷 리스트를 만들어보고, 차차 좀 더 크고 구체적인 목표를 그려보자. 가고 싶은 곳은 자주 생각하면서 구체화해보자. 글로 적고 그림으로도 그리면서 상상하면 내 행동에 부스터가 될 수 있다.

30대 초반, 회사에서 열린 승진자 교육에서 크레파스를 나눠주면서 '10년 후 내가 그리는 나의 모습'을 구체적으로 그려보라고 한 적이 있다. 그때 내가 스케치북에 그린 그림은 내가 맡은 사업 분야의 본부장이 된 나를 아이들이 그림으로 '나의 미래'라고 그려놓은 장면이었다. 그런데 놀랍게도 10년 아닌 7년 뒤에 그때 그 장면이 실제로 이루어졌다. 그래서 해마다 버킷 리스트에 '5년 후 아들과 유람선 타고 세계 여행 가기'와 '아들을 위한 일터 만들기'도 꼭 쓴다. 분명 이루기 쉽지 않은 목표지만 나는 계속 써보려고 한다.

목적지를 정해놓고 가기도 하지만, 목적지로 가는 경로가 달라지기도 하고, 아예 가고 싶은 목적지가 바뀔 수도 있다. 중요한 것은, 내가 내 분야에서 하고 싶은 것을 찾고, 그것을 잘하게 되는 것이다. 잘하다 보면 가고 싶은 목적지가 더 잘 보이고, 중간 기착지에 닿을 때마다 다음 목적지뿐 아니라 그곳으로 가는 교통편까지 보일 것이다.

내 나이에 0.8을 곱하면 요즘 시대에 맞는 '사회적 나이'가 나온다. 올해 40세가 되었다면 사회적 나이로는 32세고, 35세라면 28세다. 2020년 기준, 대한민국 평균 기대수명은 남자가 80.5세, 여자가 86.5세다. 올해 35세 여자에겐 앞으로 남은 인생이 51년이라는 말이다! 고작 35세라는데, "이 나이엔 아이만 잘 키우면 돼", "벌써 나이가 이렇게 많은걸" 하고 포기하는 사람이 많다. 그런데 앞으로 51년이나 남지 않나. 정말 하고 싶은 것과 가고 싶은 곳을 찾아야 하지 않을까?

나도 35년이나 남았다. 나는 지금 아름다운 60대를 맞이하고 그다음 25년 동안 누릴 여유롭고 풍성한 '제3의 시대'를 꿈꾸고 있다.

▮▮ 경기장에 들어선 투사

또 투사라니… 진짜 피곤하게 사는구나, 생각할지도 모르겠다. 내가 말하는 투사란 지금 내 경기장의 주인공을 말한다. 포기하지 않고 계속한다면 나는 '내 경기장의 투사'다. 지금 내가 원하는 것을 정확하게 그려보고, 그것을 얻기 위해 투사가 되어 싸워야 한다. 내가 맡은 일만큼은 꼭 되게 만들고 말겠다는 눈빛과 태도를 지녀야 한다. 진지한 눈빛과 태도는 신뢰와 믿음을 주고, 나를 '이기는 사람'으로 만들어준다.

투사에겐 아침에 화장대 앞에 앉는 것조차 그날의 전투력을 올리기 위한 준비라고 할 수 있다. 나를 돋보이게 하는 화장, 향수, 머리 모양, 의상은 물론, 표정이나 마음가짐까지도 그날의 전투를 위한 무기가 될 수 있다. 모든 무기를 동원해 누구에게나 호감을 주고, 누구라도 설득할 수 있다고 스스로 최면을 걸어 자신감을 완충하고 나서야 한다.

이승엽 선수가 감독을 맡고 은퇴 프로선수들로 구성된 팀이 나오는 예능 프로그램이 있었다. 이승엽은 동의대 야구팀에게 패배한 후 2차전을 앞두고 선수들을 만나서 이렇게 얘기를 말했다.

"나는 상대편 감독의 웃는 얼굴이 너무 짜증 난다. 우리는 프로다. 프로라면 프로답게 이겨야 한다. 이번 게임은 반드시 이기자. 최고로 야비한 마음으로! 전투력을 올리자."

"반드시 이기자. 최고로 야비한 마음으로!"라니… 역시 라이언 킹! 저래서 킹이라고 하는구나, 생각했다.

일하는 우리는 프로다. 1군이든 2군이든, 아니면 후보 선수여도 상관없다. 내가 생각하는 만큼만 하면 된다. 내 경기장은 내가 선택하고, 그에 따라 연봉과 존재감, 미래를 만들어가면 된다. 1군으로서 강력한 전투력을 갖춘 내 인생을 만들고 싶다면 꾸준히 시간을 투자하고 지구력도 길러야 한다. 전사로서 이 일만큼은 내가 제일 잘한다는 자신감도 장착해야 한다. 남자 여자의 문제가 아니다. 우리는 모두 경기장에 들어선 투사고, 최강의 전투력을 갖추려면 나만의 루틴으로 체력을 다져야 한다.

▮▮ 일 잘하는 여섯 가지 방법

① 최상의 시나리오 그리기

좋은 영화가 나오려면 좋은 시나리오가 있어야 한다. 일을 잘하기 위해서도 내 머릿속에 최고의 시나리오가 있어야 한다. 최고의 성공을 거둔 내 모습을 그림으로 그려보자. 마케팅 문구를 정할 때도 단순히 광고와 판촉만을 위한 것보다는 성공으로 얻게 되는 가장 이상적인 그림을 그리고 그 아이디어로 문구를 선택한다. 처음에는 거칠게라도 최상의 시나리오를 상상해서 큰 그림을 그려가며 틀을 잡는다. 그런 다음 세부 사항들을 고려해 다듬어나간다.

워런 비핏과 빌 게이츠, 조지 소로스 등 세기의 부자들에게 나타나는 공통점은 '미래를 낙관적으로 보고, 적극적으로 기회를 찾고, 포기하지 않고 버티는 것'이다. 내가 하는 일이 '된다'는 생각으로 최상의 시나리오를 쓰는 것은 그래서 중요하다. 한 달 계획, 하루 준비도 마찬가지다. 오늘 제일 좋은 내 모습을 상상하고 하루를 시작해보자. 상상하던 그 멋진 모습이 오늘 내 모습으로 나타날 수 있도록 꼼꼼하고 세세하게 시나리오를 써서 하나하나 행동으로 옮겨보자.

② '되는 방식'으로 생각 바꾸기

일을 잘하는 사람과 못하는 사람 사이의 차이는 잘하는 사람은 어떻게든 '되는 방법'과 '그 이유'를 찾아내지만, 못하는 사람은 어떻게든 '안 되는 핑계'를 만들어낸다는 것이다. 일하는 데 사람이 가장 중요한 이유도 바로 그 때문이다. 되는 방법을 찾는 사람과 안 되는 핑계를 찾는 사람은 당연히 아웃풋이 다르다. 나는 지금 어떤가? 혹시 안 되는 이유를 찾고 있지는 않은가?

되는 방법을 찾는 것이 중요하다. 무슨 일이든 긍정적으로 생각하는 사람은 그래서 좋은 성과를 가져온다. 예전의 나는 "안 되는 일이 어디 있냐"라며 교만을 부리기도 했다. 그런데 안 되는 일은 분명히 있다. 그렇다고 손 놓고 있으면 될 일은 없다.

내가 현장 사람들을 사랑하는 이유도 그들은 언제나 '되는 방법'을 찾아내기 때문이다. 언제나 그랬다. 어떻게 하면 되는가를 묻고, 안 될 것처럼 보이는 것도 무슨 수를 써서든 되게 하려고 노력했다. 나는 그런 그들에게 에너지를 얻었고, 많은 것을 배웠다. 일을 잘하는 비결은 되는 방법을 집요하게 찾고, 될 수 있다는 생각으로, 될 때까지 계속하는 것이다.

③ 많이, 될 때까지 하자

많이 하는 사람을 절대 이길 수 없다. 경력이 많은 이에겐 경험에서 나오는 지혜와 경험이 있고, 경험이 부족한 20~30대에게는 젊음의 열정과 패기에서 나오는 신선함과 신박함이 있다. 나이가 몇 살이고, 언제 시작했느냐는 중요하지 않다. 어떤 꿈을 꾸고 얼마나 많이 했는지가 훨씬 더 중요하다. 무라카미 하루키가 발표하는 수많은 걸작도 매일 정해진 시간에 책상 앞에 앉아 글을 쓰는 습관에서 나왔다고 한다. 많이 쓰는 것 말고 잘 쓰는 방법은 없다.

　아역 스타로 시작한 배우 김혜수는 아름다운 외모와 안정된 연기로 50세가 넘은 지금도 어떤 역할이든 완벽하게 소화해내는 강력한 내공을 보여준다. 내가 20대부터 봐온 한 후배는 처음에는 감도 약하고 빛나는 기획력도 없었지만, 굽히지 않는 의지로 나의 혹독한 지적과 거절에도 불구하고 기획안을 끝내 통과시키는 모습을 보여주었다. 지금도 지구력으로 밀고 가야 하는 사업이 있을 때면 꼭 그 친구 생각이 난다. 모두가 부러워하는 기업 임원이 된 그 후배는 지금도 불굴의 지구력으로 일하는 능력자로 인정받고 있다. 총량의 법칙, 많이 해야 잘할 수 있다. 될 때까지 하자.

④ 묻는 것이 용기

일을 잘하고 싶다면 질문을 잘해야 한다. 잘 물어보려면 내가 모르는 것이 무엇이고 알고 싶은 것이 무엇인지부터 알아야 한다. 모르면 물어보는 것이 용기요 의욕이다. 막히는 게 있다면 곧바로 공부해서 답을 찾고, 그래도 안 되면 꼭 물어서 해결해야 한다. 그런데 막힐 때마다 공부를 다시 할 수는 없다. 그럴 땐 내가 궁금해하는 걸 답해줄 수 있는 사람을 찾아가서 묻고 또 물어야 한다.

　모르면서 아는 척하거나 모르는 게 창피해서 묻지 못하는 사람들이 있다. 일을 잘하고 싶다면 모르는 것은 모른다고 인정하고, 겸손하게 물어보는 용기가 필요하다.

⑤ 연결하고 섞어라

어떤 일을 할 때 자기가 전부 다 안다고 생각해서 혼자 모든 걸 하다가는 실패하기 쉽다. 뻔하지 않은 기획으로 성공하려면 사람도, 콘텐츠도, 내용도, 마케팅도 다른 것과 연결하고 섞어서 녹여내야 한다. 채널도 마찬가지다. 지금은 온라인과 오프라인을 연결해야 하고, 채널 간 협업을 통해 모든 영역으로 확대해가야 한다. 사이트를 통해 고객을 끌어들이고, 제품과 서비스를 온라인으로 경험할 수 있게 하고, 그것을 다시 오프라인 공간에서 체험해볼 수 있도록 연결해야 파괴력이 더 커진다. 반대로 길거리에서 먼저 체험해보게 한 다음, 온라인 검색으로 비교해 관심을 끌어모을 수도 있다.

평범한 꽃집이 카페와 연결되면서 플라워 카페가 되고, 단순한 서점이 독서모임이나 도서 관련 활동과 연결되면서 북카페가 되었다. 동서양 음식이 섞여 김치파스타가 되고, 동서양 악기가 섞여 크로스오버 음악이 나오기도 한다. 남녀가 모두 사용할 수 있는 중성적 향수도 있다. 섞이고 연결되면 특별해진다. 우리 책 중에도 그림책과 심리학을 연결한 '그림책 테라피'라는 영역이 생겼다. 그림책을 통해 아이는 물론이고, 엄마 아빠의 마음까지 달래줄 수 있는 상품이다.

사람도 서로 연결되고 확장되어야 한다. 오로지 나만 옳다고 우기면서 내 방식만 고집하면, 정작 필요할 때 아무에게도 도움받지 못한다. 연결하고 섞고 확장해야 도움도 받고 새로운 것도 배울 수 있다. 서로 다른 두 가지를 섞어 뻔하지 않은 특별함을 만들어야 한다.

⑥ 독서의 힘

*"가난한 사람은 독서로 부자가 되고,
부자는 독서로 귀하게 된다."*
- 당송 팔대가 왕안석

모든 공부는 독서로 통한다. 책을 읽으면 공부에 필요한 모든 요소가 굴비 엮이듯 줄줄이 따라온다. 책을 열심히 읽는 아이들은 당장 성적은 안 오를지 몰라도 생각할 줄 아는 아이로 자란다. 결국은 생각하는 사람이 승자가 된다. 책을 많이 읽는 어른은 지식이 풍부하고, 생각도 많이 하고, 자신을 돌아보고 주변을 살필 줄도 안다. 사람의 태도를 바꾸는 데 책만큼 좋은 건 없다. 책 읽기로 더 나은 사람이 될 수 있다. 책 읽기가 업무에 미치는 영향도 지대하다. 책을 읽으면 머릿속에 그림이 그려지니 저절로 생각을 확장하는 훈련이 돼서 기획력도 향상되기 때문이다.

서점을 둘러보는 것만으로도 시대 흐름을 살필 수 있다. 서점에 가서 업무 관련 책을 찾아보는 것도 신선한 문화 자극이 된다. 직접 가기 어려울 땐 온라인 서점에 올라온 도서 리스트라도 살펴보면 시대 트렌드나 사람들의 관심사를 읽을 수 있다. 종합 베스트셀러 순위로 전체 흐름을 읽고, 나이별 검색으로는 나이별 관심사를 파악할 수 있다. 읽어야 할 책 리스트를 정해두고 한 권 한 권 읽어나가도 좋다. 업무에 필요한 책을 찾아 읽어도 좋고, 다른 분야의 책을 자신이나 일과 연결하면서 읽어도 엄청난 사고의 확장을 경험할 수 있다.

생각을 전환하고 발전시키는 데 책만큼 유용한 건 없다. 요즘은 구글링이나 인터넷 검색만으로도 필요한 정보를 쉽게 찾는다. 하지만 우리가 책에서 얻을 수 있는 건 단순한 정보가 아니다. 깊이 생각하고, 다르게 생각하며, 긴 안목으로 자신을 발전시키는 데 가장 유익하고도 가성비 높은 매체가 바로 책이다.

나를 발전시킬 나만의 필독서 리스트 만들기도 유용하다. 예부터 전 세계 명문가들은 모두 필독서와 독서 교육으로 아이들을 키웠다. 나를 성장시킬 필독서 리스트를 만들고 책에서 배운 것을 독서 노트에 적다 보면 새삼 달라진 자신을 발견하게 된다. 일 잘하는 사람에게는 그것이 강력한 무기다. 중국 북송의 문장가이자 정치가인 왕안석은 독서는 가난한 사람을 부자로 만들고, 부자를 귀하게 만든다고 했다.

인생 습관을 만드는
나의 인생 책

사람과 태도, 인생을 바꾸게 하는 데는
책이 가장 좋은 솔루션임을 믿어 의심치 않는다.

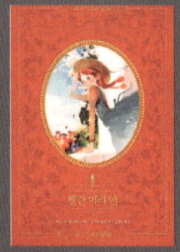 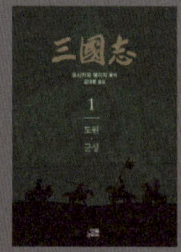 

1 ──《빨간 머리 앤》
책은 재밌어야 한다. 루시 모드 몽고메리의《빨간 머리 앤》은 너무나 재밌어 자연스레 책에 대한 흥미를 만들어준다. 쉽지 않은 삶을 당차게 개척해 나가는 주인공 '앤'에게 사랑도 공부도 일도 못 이룰 것 없다. 매력 넘치는 앤은 이 시대의 우리 여자들을 보는 것 같다. '어떻게 이겨나갈 것인가'라는 물음에 즐거운 희망을 주는 책이다. 어릴 때 이 책을 읽은 건 정말 행운이었다. 함께 읽으면 좋은 책은 로라 잉걸스 와일더의《초원의 집》이다.

2 ──《삼국지》
어릴 적 집에 있던《소년소녀 세계문학전집》중에서 처음으로 읽은 책이다. 빠져들어 단숨에 읽어내려간 기억이 난다. 성인이 되어 이문열의《삼국지》를 다시 읽었을 때는 영웅들의 전법과 모략, 의리, 충심 등이 흥미롭게 느껴졌다. 나이 들어 다시 읽으니 또 다른 깊이와 관점으로 보게 된다. 역사를 좋아하게 된 것도《삼국지》와《그리스 로마 신화》를 읽고 나서부터다.

3 ──《그리스 로마 신화》
올림푸스의 12신 이야기는 신화판 '사랑과 전쟁'이다. 신화로부터 시작된 문화, 언어 등과 연결해서 읽으면 즐겁기 그지없다. 아테나 여신을 볼 땐 이렇게 강하고 지적인 여성이 되고 싶다는 생각이 든다. 책을 질 읽는 어른으로 아이를 키우고 싶다면 재미있는 책들을 아이와 함께 읽기를 권한다.

4 ──《지적자본론》
사업적 영감을 얻는 데 큰 도움을 준 책이다. "회사에 다니는 사람들은 모두 기획자고, 디자이너여야 한다"라는 그의 지론에 감탄하며 그가 뽑아내는 워딩에 감동했다. 키즈스콜레를 만들 때 생각의 기초가 되어주었다. 이 책 덕분에 북 카페, 책 읽는 주점 등 혼합된 형태의 책 읽는 공간에 관심을 가지게 되었다.

5 ──《경영학의 진리체계》
대학 교재 같은 표지를 보고 재미없을 것이라는 생각이 들 수 있지만, 인사·조직·재무·마케팅·생산 등 경영 영역을 저자의 경험담과 생물의 세계, 동서고금의 역사로 연결해 기업의 생존 부등식을 설명하는 것이 책의 핵심 내용이다. 소비자는 기업이 제공하는 제품의 가치가 가격보다 높아야 제품을 구매한다는 경영의 기본 원리를 인문학적으로 설명하는 책이랄까? 재미있는 책이다.

6 ──《나음보다 다름》
브랜드를 만들면서 후발 주자로 출발해 성장하는 방법에 대한 고민에 방향을 제시해준 책이다. 고객의 인식에 어떻게 들어가야 하는지 핵심을 짚어준다. 없는 것이 경쟁력일 수 있다는 생각이 들게 한 책이다. 마케팅 분야에서 일한다면 일독을 권한다. 홍성태의《브랜드로 남는다는 것》, 브랜드보이의《믹스》도 함께 읽으면 재미있다.

7 ──《타이탄의 도구들》
업무적 성장 마인드셋을 돕는 강력한 책이다. 자신의 분야에서 최고의 자리에 오른 거인, 타이탄의 어깨 위에 서서 삶을 바꿀 수 있었던 '거인'들의 비밀을 볼 수 있다. 챕터마다 포스트잇과 메모를 가득 붙였다.

8 ──《걷는 독서》
2013년, 개인적으로 가장 힘들었던 시기에 마음을 다독여준 박노해 시인의 문장을 모은 에세이다. 누구에게도 마음을 털어놓지 못하고 마음을 꽁꽁 싸매고 있을 때, 당시 온라인에 게재되던 글들이 2021년 보기만 해도 갖고 싶은 판형과 디자인으로 나왔다. 책상 위에 모셔두고 읽는 책이다. "아름다운 것들에는 치열함이 어려 있다"라는 시인의 말처럼, 치열하게 앓은 뒤에 써낸 나온 글귀를 보며 스스로를 위로하고 방향을 잡는다.

성과를 이끌어내는 비결 다섯 가지

"나이가 들면 선택지가 좁아지지. 하지만 고민하는 건 마찬가지야.
연기도 비슷해. 연기를 오래한 사람이 할 수 있는 부분이 있고,
신인에게는 우리가 이길 수 없는 신선함이 있어.
나이 든다고 삶의 무게가 가벼워지는 건 아니야.
정답은 없어. 나도 잘 모르겠어. 그런데 중요한 건, 그러니까… 많이 해.
많이 하는 사람을 이길 수는 없는 것 같더라."

- 배우 윤여정

사회생활 초년병 시절에 가끔 나는 왜 잘되고 편한 곳이 아니라 이렇게 어려운 곳에서 죽는 둥 사는 둥 일해야 하나 생각했다. 내가 간 곳이 대부분 사업을 새로 시작했거나 사업을 접기 전 마지막 시도로 기사회생한 곳이었기 때문이다. 거기서 이뤄낸 몇 번의 성공을 통해 내가 확실하게 깨달은 건 '비전을 세우고, 최상의 시나리오를 쓰고, 무모해 보일 만큼 계속 행동하면서, 될 때까지' 하면 된다는 것이었다. '나는 된다'라는 성장 마인드로 무장하는 것이 무엇보다 중요하다.

▌ 좋은 사람을 찾는다

일은 누가 하느냐에 따라 달라진다. 잘하고, 적합하며, 좋은 사람이 필요하다.

그래서 나는 프로젝트를 진행하거나 팀을 새로 구성할 때마다 가장 먼저, 좋은 사람을 발굴하는 데 각고의 노력을 기울인다. 성과를 만드는 데 가장 중요한 것이 바로 '누가 하느냐?'다. 그렇다면 모든 구성원이 베스트 플레이어여야 할까? 아니다. 일을 성공시키는 데는 저마다 역할이 다르니 각 역할에 적합한 사람들로 구성하면 된다.

다른 중요한 원칙 하나는 '되는 사고방식'을 가진 사람들과 함께해야 한다는 것이다. 다른 사람의 에너지를 꺾는 사람은 차라리 없느니만 못하다. 같은 방향을 바라보고, 되는 방식으로, 하고 싶다는 사람이 '좋은 사람'이다. 일이 되게 하려면 그런 사람들을 모으는 게 1번 원칙이다.

▍ 일의 비전과 가치를 공유한다

일을 성공시키려면 '왜 이 일을 하는가'라는 일의 비전과 가치를 공유해야 한다. 연봉과 인센티브 같은 금전적 보상 때문에 기분 좋은 건 첫 달 한 달뿐이다. 그 뒤로는 내가 열심히 일해서 받는 돈이라고 생각하기 때문이다. 성과급도 마찬가지다. 받는 순간 잊힌다. 감동은 없어지고 당연한 권리가 된다. 월급을 아무리 많이 받아도 월급에 만족하는 사람은 드물다. 더 많이 받고 싶고, 일이 힘들면 월급 받는 순간의 감동도 사라진다.

이때 필요한 것이 '내가 이 일을 해야 하는 이유'를 아는 것이다. 일을 성공시키려면 집요하게 계속해야 하는데, 끝까지 계속하는 힘은 자기가 하는 일의 비전과 가치에서 나오기 때문이다. 좋은 사람들과 함께하기로 했다면 앞으로 이루어내야 할 가치와 비전을 계속해서 그들과 공유해야 한다. 배를 만드는 사람들에게 바다로 나가야 하는 이유를 설명해야 하는 것과 같은 이치다.

우리 브랜드를 만든 뒤 지금까지 내가 가장 중요하게 여기는 것도 '내가 키즈스콜레를 만들어간다'라는 자부심을 심는 것과 앞으로 우리가 성장해갈 방향을 공유하는 일이었다. 당장 눈앞에 닥친 힘든 상황들을 이겨나가려면 주변의 어려움이 눈에 들어오지 않아야 한다. 내가 하는 일의 가치와 이유, 우리에게 다가올 미래를 확고하게 그릴 수만 있다면, 가는 길에 부딪히는 어려움쯤은 거뜬히 넘길 수 있다.

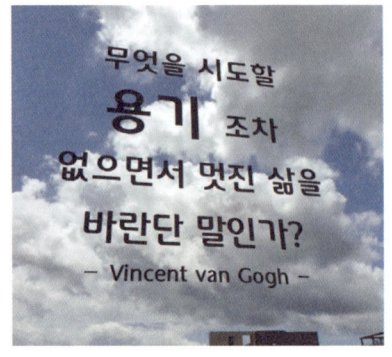

키즈스콜레 라운지 여수점에 붙어 있는 글귀. 우리 일의 가치를 잊지 않도록, 꺼내 적고, 읽는다.

우리 회사의 모든 라운지 벽에는 '1%의 혜택을 99%에게'라는 가치와 "무엇을 시도할 만한 용기조차 없으면서 멋진 삶을 바란단 말인가?", "우리가 만든 모든 것이 누군가의 인생을 바꿀 기회가 됨을 믿는다", "습관과 환경으로 위대한 인생의 첫 시작을 한다"라는 글귀가 적혀 있고, 명함에도 그중 하나가 들어간다. 우리는 우리 일의 가치를 끊임없이 이야기하고 모두의 눈에 보이게 했다. 아무것도 없는 제로 상태에서 시작해 사업 계획 PPT 10장으로 전국에서 경력자들을 모을 수 있었던 것도 우리가 만든 제품과 서비스로 '누구나 특별하게 될 수 있게 한다'는 가치와 '도전할 만한 이유'를 보여주었기 때문이다.

▮ 닥치는 대로 무조건 많이 한다

일을 새로 시작하면 처음 3개월과 1년, 3년이 가장 중요하다. 회사를 그만둘 생각을 하게 되는 시기도 보통 3개월, 1년, 3년이 되었을 때다. 특히 프로젝트나 사업에선 최초 3개월이 정말 중요하다. 이 시기에는 초집중해서 어떻게든 성공 지표를 만들어내야 한다. 그러나 성공 지표가 그리 쉽사리 만들어지는 게 아니다. 따라서 이때 가장 필요한 건 닥치는 대로, 정말 열심히, 많이 하는 것이다.

신사업은 대체로 성공률이 낮은데, 가장 큰 이유는 사업을 진행하는 주체들의 절박감 부족이 이유다. 이건 이래서 안 되고, 저건 저래서 안 되고, 하면서 안 되는 이유를 찾다 보면 실행도 해보지 않고 책상머리에서 구상만 하다 끝난다.

일본 영화 <춤추는 대수사선>에는 "모든 사건은 현장에서 일어난다"라는 대사가 나온다. 모든 사건은 현장에서 일어나고, 어떤 일도 현장에서 뭔가를 하지 않으면 결과를 알 수 없다는 뜻일 것이다. 그런데도 대개 책상머리에서 성공 가능성만 따지고 있거나 실패가 두려워서 아무런 시도조차 하지 않는다. 차를 가장 많이 판 세일즈맨이 거절도 가장 많이 당한 사람이라고 한다. 인재를 영입할 때도 거절을 가장 많이 당해본 사람이 가장 많은 영입 대상자들을 알고 있어서 인재를 모셔 올 확률도 그만큼 높다.

지금은 유아 교육 프리미엄 브랜드로 자리매김했지만 처음 키즈스콜레의 현장 영업 조직을 구축할 때 주변에서는 요즘 세상에 그게 말이 되는 사업이냐며 훈수두는 사람이 많았다. 키즈스콜레는 전국 지점을 운영할 유능한 매니저가 필요한 일이었다. 주변의 부정적 편견에도 나는 전국 지역 라운지를 운영할 매니저를 영입하기 위해 직접 전국 방방곡곡을 찾아다녔다. 아마 지난 6년 동안 인터뷰에도, 인새 영입에도 가장 많이 실패한 사람이 나일 것이다. 그런데도 가장 많은 인재를 맞아들여 전국 라운지를 구축했다. 지금도 키즈스콜레는 그렇게 만난 매니저들의 노력으로 나날이 커가고 있다.

머릿속으로 손익만 따지면서 이건 이래서 안 되고, 저건 저래서 안 된다고 핑계 대며 실패만 생각해서는 성공하기 어렵다. 닥치는 대로 해보자. 많이 해볼수록 성공 가능성도 커진다. 많이 하는 사람을 이겨낼 사람은 아무도 없다.

▌▌ 디테일로 파고든다

몇 년 전부터 AI 기술로 해외 투자사에 몇백억 씩 투자받았다는 회사가 많이 생겼다. 그때는 투자 유치가 성공인양 언론사들에서 떠들썩하게 기사화했었다. 그런데 그렇게 떠들썩하던 회사들의 사업 결과는 지금 어떨까? 안타깝게도 이렇다 할 성과가 안 보인다. 사업 축소니 철수니 하는 소식까지 들린다. 초기 기술만 가지고 고객과 시장은 고려하지도 않은 채 머리로만 그려낸 비즈니스 모델 때문이다.

내 경험으로 봤을 때, 신사업이나 프로젝트를 기획할 때 머리로만 떠올린 이상적인 초기 아이디어로 사업을 기획해서 론칭해놓고, 그다음 계획과 디테일한 실행이 뒤따르지 못해 아까운 예산만 낭비한 사례가 적지 않다. 게다가 끈기 있게 될 때까지 계속하지도 않았고, 하더라도 수박 겉 핥기에 그쳤다.

고객과 시장을 정확히 파악해서 그에 맞는 꼼꼼하고 세세한 계획으로 집요하게 실행해야만 성공을 거둘 수 있다. 간단한 구매 사이트 하나도 메인 화면에 어떤 글과 어떤 섬네일 이미지를 띄워놓느냐에 따라 조회 수가 크게 달라진다. 성과의 결과와 크기를 결정하는 것이 바로 그런 '디테일'이다.

▌▌ 끝까지 포기하지 않는다

인디언 기우제는 지내기만 하면 어김없이 비가 온다. 그 이유는 비가 올 때까지 계속 기우제를 지내기 때문이다. 일을 성공에 이르게 하는 끝판왕도 바로 그런 '집요함'이다.

하지만 그 전에 해야 할 일이 제대로 된 목표 설정이다. 스타트업으로 시작한 회사를 다니면서 가장 안타까웠던 게 '무작정 해보고, 안 되면 수정한다'라는 안이한 생각이었다. 결과가 나올 때까지 최선을 다하면서 끝까지 집요하게 해보고 난 뒤에 수정하든 버리든 해야 하는데, 제대로 해보지도 않고 중간에 뭔가 이게 아니다 싶으면 자꾸 방향을 바꾸려고 했다. 그러다 보니 실무를 진행하는 팀원들이 방향을 잃었고 의욕마저 꺾이고 말았다.

그들은 '최상의 시나리오'를 그리지 않았고, '제대로 된 목표'도 세우지 않은 채 시작한 데다 끝까지 밀고 나가는 뚝심과 집요함도 없었다. 먼저, 큰 그림을 그리고 최상의 시나리오를 써야 한다. 한번 시작했으면 무한 도전의 정신으로 될 때까지 밀고 나가야 한다. 그래야만 안 될 일도, 못 할 일도 없어지고 실패하더라도 배울 게 있다.

여자들에게 필요한 직급별 능력

책을 읽을 독자에게나 책을 쓰는 저자에게나 목차는 매우 중요하다. 디테일하고도 친절한 여성 커리어 실용서로서 독자로부터 긍정적 반응을 얻기 위해서는 일에서 성공하는 방법은 물론이고, 직급에 따라 필요한 능력에 관한 정보도 들어가야 한다고 생각했다. 처음 이 책의 목차를 구성하면서 여자들에게 부족한 게 무엇일지를 먼저 생각해봤다.

특별히 여자들에게 필요한 직급별 능력이 따로 있을까, 남자들과는 뭐가 얼마나 다를까, 곰곰 생각해보니 남녀 공통으로 필요하겠지만, 특히 여자들에게 좀 더 필요한 부분이 몇 가지 떠올랐다. 여자들은 좀 더 자신을 생각해야 하고, 경쟁에서 살아남기 위해 좀 더 강한 전투력과 술수도 갖춰야 한다. 특히 여자가 약한 부분이 있다. 남자들이 잘하는 사회성이나 인맥 만들기다. 전쟁터에서는 무기가 더 많은 쪽이 무조건 유리하니까.

▍사원일 때

　비전 세우기　―　좋은 태도　―　성실함　―　비전에 맞는 업무 역량　―　실패력　―　도전력

① 비전 세우기

비전 세우기는 매우 중요하다. 꿈꾸지 않으면 사는 대로 살게 되고, 꿈꾸면 꿈꾼 대로 살 가능성이 크다. 그런데 꿈이 뭐냐고 물어보면 의외로 대답을 못 하

는 사람들이 많다. 물론 꿈 같은 거 없이 그냥 산다고 누가 뭐라고 하지는 않을 것이다. 그러나 꿈 없이 살면 잘살지 못한다는 것만은 분명하다. 목적지 없는 배가 어디로 가겠는가. 내가 갈 방향은 내가 정해야 한다. 그래야 그다음도 있다.

　재무를 할지, 퍼포먼스 마케팅을 할지, HR을 할지, 전략 기획을 할지, 그것도 아니면 창업을 할지…. 내가 갈 방향을 찾고 정한 뒤에는 그것에 맞춰 공부도 하고 직업 경력Career Path도 그려보자. 내가 무엇을 하고 무엇을 꿈꾸든, 회사는 기본을 배우기에 꽤 괜찮은 곳이다. 게다가 경제력과 책임감도 갖추게 한다. 회사에서 내가 배워야 할 인생의 중요한 기본을 배우고 쌓아가자. 무언가를 하고 싶다면 시간을 투자하고 노력을 기울이고 꾸준히 배워야 한다. 그래야 그다음 단계로 나아갈 수 있다.

　요즘 20대들의 이력서를 볼 때마다 '일찍 태어나길 잘했다'라는 생각이 든다. 입사를 위한 스펙을 만들어온 노력과 대외 활동 내용이 정말 대단하다. 요즘 젊은이들은 너무 일찍부터 상당히 팍팍하고 힘들게 준비하고 노력한다. 모르긴 몰라도 훗날 우리 세대보다 더 대단하고, 더 잘될 사람들이다. 나는 그들의 주도면밀한 계획성에 한 가지만 더 얹어보라고 권하고 싶다. 현실은 힘들지만 안 된다는 생각을 버리고, 나만의 비전을 세운 후 그것을 이루기 위한 준비를 해보라는 것이다.

② 일에 대한 열정과 태도

우리 회사 온라인 마케팅을 딤딩하는 20대 마케터는 좋은 제품이 나오면 자기가 맡은 제품도 아닌데 "아, 내가 찍고 싶다"라고 말한다. 하고 싶다는 의욕이 마구 흘러넘친다. 여름휴가로 제주도에 가서도 제주 관련 신간 그림책을 가지고 가서 사진을 찍고, 직접 피드를 만들고, 관련 이벤트를 기획해서 올린다. 아무도 시키지 않았지만 스스로 생각하고 기획해서 하는 일이다. 일에 대한 열정이고 성실이며 애정이다. 당연히 보는 사람들도 모두 감동한다. 평가자들은 이런 모습을 절대 잊지 않는다.

어떤 업무의 담당자로서 지녀야 할 가장 큰 역량은 자기 일에 대한 '열정'과 그 일을 대하는 '좋은 태도'다. 좋은 태도와 마음가짐은 일 근육을 단단히 해주고, 자연스레 업무 성과로 이어진다. 태도와 마음가짐이 왜 일 근육이며 업무 역량에까지 이어진다는 건 의아할 수도 있지만, 태도와 마음가짐이 곧 일이고, 역량이다. 좋은 태도와 마음가짐은 사람 안에 담긴 내적 요소지만, 거기서 흘러나온 장점들이 외적으로도 드러나 평가자들을 매료시키는 힘이 있다. 결과적으로 일을 대하는 자세와 열정이 모여서 실력이 되고, 업무성과가 되고, 경력이 된 것이다.

③ 실패력과 도전력

실무 역량은 실패력과 도전력으로 결정된다. 많이 해봐야 익숙해지고, 익숙해져야 잘하고, 실패해봐야 경험이 쌓인다. 그리고 될 때까지 계속하는 전투력은 팀원일 때부터 키워야 한다. 전투력은 여자에게 특히 중요한 성공력의 하나다. 전투력이 약한 여자가 더 크게 성장하기가 어렵다. 특출나게 잘하고 싶다면 바로 지금부터 '독하게 열심히' 해서 전투력을 길러야 한다. 시간을 투자한 만큼, 열심히 일한 만큼 더 잘하게 된다는 걸 잊지 말아야 한다. 잘한 사람에게 더 좋은 결과가 나오는 건 당연한 진리다.

마크 저커버그처럼 전 세계를 연결하겠다는 아이디어로 페이스북 같은 사이트 하나 잘 만들어 돈방석에 앉고 싶기도 할 것이다. 하지만 그것도 그냥 저절로, 쉽게 나온 것이 아니다. 학교까지 그만두고 창고 안에서 미친 듯이 연구해서 얻어낸 천재적 아이디어였다. 그가 원래부터 천재였을 수도 있다. 빌 게이츠나 스티브 잡스 역시 원래 천재였는데도 미친 듯이 열심히 일한 사람들이다. 그냥 되는 것은 아무것도 없다. 내 일이 아니라고 위해주는 척 "괜찮다. 천천히 살자. 힐링하자"라고 무책임하게 말하는 사람들의 말을 믿으면 안 된다.

누구나 유튜버나 인플루언서가 돼서 한 방에 돈방석에 올라앉고 싶고, 멋지게 즐기면서도 성과가 나오기를 바란다. 하지만 트래픽 높은 사이트나 파워 유튜버도 모두 독한 노력 끝에 얻은 결과다. 어쩌다 한 방에 대박 날 확률보다 더 확실하게 성공률이 높은 것은, 독하게 열심히 많이 하는 것이다. 도전하고 실패하면 다시 도전해서 성공하자.

▌팀장일 때

내가 처음 팀장이 된 나이가 29세였다. 위기는 기회라고 했던가? IMF에 이어 회사 내부에 대규모 인사이동이 있었다. 큰 조직이었지만 혁신이 필요했고, 신사업을 시작하면서 대대적 인사 혁신 작업까지 이루어졌다. 나는 그 와중에 어린 나이로 작지 않은 팀의 팀장이 되었다.

① 팀원들과 함께 밀어붙이기

팀장 타이틀을 단 것은 열심히 일한 결과기도 하지만, 가장 중요한 포인트는 겁없이 도전해서 닥치는 대로 해내는 태도였다. 그 결과로 전국 현장의 스태프 조직까지 관리하게 된 것이있으니까. 팀원 대부분이 남자였는데, 나이가 나와 비슷하거나 더 많은 분이 태반이었다. 이런 상황에서 여자 팀장이 보여줘야 할 것은 '성과 창출'밖에 없었다. 나는 팀원들과 목표를 공유했고, 해야 할 일은 반드시 하도록 강력하게 밀어붙였다. 그래도 다들 프로젝트를 함께 성공시키기를 진심으로 바랐다. 젊은 피는 성공을 바라고, 성과가 나오면 피가 끓는다.

② 작은 성공으로 탄력받기

당시 영업 조직은 매우 낙후된 상태였다. 23년 전쯤이었으니 인터넷이 일반화된 지금과 달리 사무실에 PC조차 갖춰져 있지 않았다. 영업 직군에 PC 교육과 새로 만든 진단 테스트 상담 활용법까지 교육하고 소통하기 위해 현장 스태프들이 직접 나섰고, 모두가 팀의 최대 성과를 만들어내기 위해 숨 쉴 틈 없이 날아다녔다. PC를 쓸 줄 모르는 여성 영업직군들을 당시 막 생기기 시작한 PC방에 한꺼번에 모아놓고 컴퓨터 사용법을 가르치기도 했다. 우리의 목표는 어떻게든 해내는 것이었으니까!

지역별로 좋은 성과를 거둔 사례를 꾸준히 공유하며 전국 혁신 프로그램을 진행하자 드디어 현장이 달라지기 시작했고, 성장이 이루어졌으며, 성공 사례도 계속 늘어났다. 작은 성공이 이어지자 모두가 들떠서 기뻐했다. 작은 성공의 결과물을 팀원들에게 돌리자 숫자가 빠르게 바뀌어갔다. 팀장일 때는 나만 잘한다고 성공을 얻을 수는 없다. 내가 아닌 팀원들의 성공, 나만의 성과가 아닌 팀 전체의 성과가 곧 팀장인 내 성공이 된다.

③ 평가와 보상 돌리기

목표를 명확하게 정하고, 각자 해야 할 일들을 정확하게 알게 해야 한다. 결과를 이뤄냈을 때는 구성원 모두가 주인공이 되게 하고, 보상은 모두에게 고루 돌아가야 한다. 자본주의 사회에서 가장 중요한 것이 바로 평가와 보상이다. 요즘은 승진이나 직급체제가 아주 모호해져서 평가에 따른 성과 보상이 더욱 중요해졌다. 보상에 대한 평가를 처음으로 하게 되는 것도 팀장 때부터다.

팀장은 함께 달려야 하는 선수기도 하다. 잘하는 팀장, 팀원들이 함께하고 싶은 팀장이 되어야 한다. 우리 팀이 최고라는 자부심을 느끼게 해야 한다. 자부심은 작은 성공에서 시작되고, 그 성공의 달콤함은 팀원들에게 돌려야 한다.

④ 전투력 올리기

강한 전투력으로 이기는 팀장이 되어야 한다. 여자 팀장은 특히 더 그래야 한다. 팀장 이상의 자리에 오른 여자 중에 능력이 안 되는데 팀장이 된 경우는 본 적이 없다. 업무 역량은 당연하고, 전투력과 팀 관리력도 갖춰야 한다. 좋은 인간관계나 인맥으로 성장한 여자 팀장도 본 적이 거의 없다. 나와 경쟁하는 팀장들이 나를 드세기만 하고 능력은 별로라고 폄훼할 수도 있지만, 전투력이 없다는 말을 듣는 여자 팀장은 정말 본 적이 없다. 그만큼 팀장 때까지는 뭐니 뭐니 해도 전투력이 가장 강력한 무기다.

■ 간부급, 임원급일 때

기업의 별이라고 불리는 임원이 되었다면, 그 분야에서 인정받는 사람이 되었다는 뜻이다. 그런데 기업에서 간부나 임원으로 승진한 뒤로는 능력이 발전하지 않고 정체된 상태로 있다가 가장 무능해진 상태로 물러난다는 말이 있다. 나도 한때 회사를 언제 그만두게 될지를 걱정했다. 바로 그때가 자리를 바꿔야 하는 시점이다. 간부나 임원급부터는 남녀 차이가 없다. 그저 기업의 별이라는 '임원'일 뿐이다. 그 별이 떨어지기 전에 어서 준비하고 공부해서 성장해야 한다.

① 비전과 방향 공유하기

임원은 규모만 다를 뿐 해당 영역에서는 대표 역할을 하는 사람이다. 이때부터는 직접 뛰는 실무가 아니라 비전을 세우고, 그 비전을 공유할 수 있어야 한다. 내가 맡은 부문에서만큼은 회사가 가려는 방향에 맞춰 대표이사처럼 비전을 그리고, 나아가야 할 목표와 방향을 제시하고, 성과를 창출해내야 한다. 성과를 내지 못하는 임원은 자기 자리를 보전할 수 없다. 매년 다시 계약해야 하는 계약직이니 더 노력하고 더 배워야 한다.

20대들에게 새로운 트렌드와 기술도 배워야 한다. 타 사업부와 지원 부서는 물론이고 외부와 좋은 관계를 만들어가는 것도 중요하다. 새로운 사업 방향을 잡기 위해서도 공부가 필요하고, 다른 영역과의 연결이 무엇보다 중요하다. 그럴수록 젊은 세대와 만나고, 나와 다른 분야의 전문가들을 만나야 한다.

다만 한 가지 명심할 것은 내가 가장 잘하고 나만 옳다는 아집은 버려야 한다. 이 단계에서 꼰대로 추락할 수도, 성과로 더욱 도약할 수도 있다. 내가 이룬 과거의 성공만 믿고 눈멀고 귀 막는 순간, 가장 무능한 상태로 가장 상대하기 힘든 사람이 되어버리기 때문이다. 남녀를 불문하고, 가장 무능한 상태에서 물러나고 싶지 않다면 아집과 독선을 버려야 한다. 성과란 소통하고 공유하고 함께할 때 만들어지는 것이다.

② 중간 간부 확보를 위한 노력

임원이나 본부장급이라면 자신의 비전과 방향을 맞추어 함께 작업해줄 만한 중간 간부를 키울 수 있어야 한다. 그렇지 않으면 큰 리더로 커나갈 역량이 부족한 것이다. 자기 팀에 속한 간부들이 성장할 수 있도록 이끌고, 성과에 대한 보상도 받을 수 있게 하려면 그들과 힘을 합쳐 성과 창출에 집중해야 한다. 그렇게만 할 수 있다면 내가 맡은 사업부에 능력 있는 리더들이 가득해질 것이다.

③ 성과 창출을 위한 내·외부 인맥 쌓기

이제껏 일해오면서 나도 잘하지 못했고, 여자들 대부분이 잘하지 못하는 것이 바로 내·외부의 인맥 쌓기다. 하지만 꼭 필요한 것이기에 노력해야 한다. 그런데 여자 임원들은 대개 일로써 자신을 증명하면 된다고 생각한다. 하지만 여자들은 남자들처럼 담배를 피우러 몰려나가 은밀한 회사 뒷이야기를 들을 기회도 없고, 술도 마시지 않으며, 골프를 치러 다니면서 친목을 다지는 경우도 적다. 하지만 그것이 더는 자랑이 아니다. 오히려 여자들이 하지 못하는 그 부분을 다른 것으로 메울 수 있어야 한다.

내가 첫 회사를 그만두게 된 가장 큰 이유도 내부 관계를 제대로 만들지 못했기 때문이다. 그때 본부 기획팀장이 이런 말을 했다. "제발 다른 임원들과 더 많이 만나고, 대표님이나 회장님께도 찾아가서 어필하세요." 나는 그 정도로 내가 잘한 일도 제대로 어필하지 못했고, 부족한 부분을 직접 나서서 해명하지도 못했다. 그때는 나 자신을 어필할 여유조차 나에게는 없었다. 게다가 전투력만 강한 나를 좋게 말해줄 임원 동료도, 지원 부서도 없었다.

여자 임원들은 일을 잘한다. 일 못하는 여자는 절대로 임원이 될 수 없다. 팀장까지는 전투력과 성과만으로도 웬만큼 승부를 볼 수 있지만, 임원부터는 절대 아니다. 골프는 "저한테 안 맞아요", "일하느라 시간이 없어요"가 아니라 시간 내서 골프를 배워야 하고, 남자 임원들과도 골프 치러 나가야 한다. 회사 직원들과 친한 것만으로는 아주 많이 부족하다. 친하게 지내는 내부 임원도 만들고, 외부 인맥도 만나러 다녀야 한다. 나는 그런 원리를 너무 늦게 깨달았다.

그래서 회사를 옮긴 뒤로는 결정적인 일이 아니라면 전투력을 100% 드러내지 않았고, 업무가 직접 연결되지 않는 임원들과도 좋은 관계를 맺으려고 노력했다. 모두에게 친절하되 소수와 가깝게 지내고, 그 소수를 신뢰하기 전에 늘 먼저 점검하고 조심하며 말을 아꼈다. 진정한 우정을 쌓아가는 일도 그것과 크게 다르지 않을 것이다. 우정은 천천히 자라는 식물 같아서 진정한 아군이라고 확신하기까지는 역경을 견뎌내야 한다.

CEO일 때

나는 49세에 CEO가 됐다. 초보 CEO라 아직 모르는 것도 많고 한참 더 배워야 할 것도 많다. 이제 2년 차. 잠시 고민했다. 대표로서 원하는 것을 다 이룬 것도 아니고 아직 갈 길도 너무 멀기 때문이다. 그래도 내가 이제껏 경험하며 깨달은 것을 말해보자면, 대표가 해야 할 가장 중요한 일은 지속 가능한 사업 구조를 만드는 것, 회사의 비전과 가치를 만들고 공유하는 것, 성과를 내서 기업의 이익을 창출하는 것 등이라고 생각한다.

지난해 헤드헌터로부터 유명 기업 자회사의 CEO 영입 제안이 와서 직업에서 필요 역량을 받아보니 이런 것들이 있었다.

- ☐ 중·장기 사업 방향성 및 비전 제시
- ☐ 연간 사업 계획 및 전략 수립
- ☐ 조직 및 인력 운영방안 수립
- ☐ 중·장기 관점에서 전사의 사업 전략에 따른 인재 수급 계획 수립
- ☐ 인스티튜션 운영과 관련된 내·외부 이해관계자와 자문단의 협력
- ☐ 인력 양성을 위한 교육 커리큘럼 개발 및 전문 강사진 확보
- ☐ 사업 성공을 위한 마케팅 및 운영 총괄
- ☐ 사업 운영에 필요한 시설·설비·자산의 확보 및 최적화

그야말로 업계를 뒤흔들, 모든 걸 다 할 수 있는 올라운드 플레이어의 역량을 갖춰야 한다는 것이다.

기업의 성과가 만들어져야 직원들의 일터를 지킬 수 있다. CEO는 현재의 성과를 창출하면서 동시에 계속 나아갈 수 있도록 다음 방향을 제시해야 한다. 그 외에도 재능이 뛰어난 인재들이 다른 곳이 아닌, 우리 회사를 선택할 수 있도록 조직 문화도 개선해야 한다. 그런 면에서 모든 리더는 세일즈맨이라고 할 수 있다. 조직 내·외부에 끊임없이 무언가를 파는 사람, 내 아이디어와 열정을 누군가에게 팔 수 있는 사람. 그런 사람이 되어야 나와 함께하는 사람들이 하기 싫은 일도 마다하지 않게 되고, 꿈꾸지 않던 일에도 도전하게 된다.

아직 다는 모른다. 그래도 반드시 생존하고 성장해야 하는 기업의 CEO로서 우리 자신이 계속 성장해야 이 치열한 시장에서 끝내 살아남을 수 있다는 사실만은 분명하다.

숨이 턱 끝까지 차도록 달리는 것이 성공 비결이 될 수는 없다.
너무 빠르지도 느리지도 않은 나만의 속도로
지난한 삶의 여정에서 행복을 찾는 일,
그것이 성공의 방정식이다. 앞으로 나아가게 하는 힘은 내 안에 있다.

3장.
여자의 마음 챙김

습관을 경계하라

엄마가 되면 자신보다 주변인을 먼저 챙긴다. 물론 가족을 챙겨야 하는 사람으로서 그 당연한 마음가짐이 낯설지 않다. 그러나 일하면서 깨달은 사실이 있다면 가족만큼 자기 자신도 챙겨야 한다는 사실이다.

나는 아침밥을 정성껏 차려 먹고 나온다. 아들과 함께 밥을 먹는 귀한 시간이기도 하거니와 그날 사회에 나와 치를 전투를 생각한다면 그 정도 대접은 스스로 해야 한다고 믿기 때문이다.

아침에 일찍 일어나 몇 가지 정해둔 나만의 루틴도 꼬박꼬박 챙기려고 한다. 대단한 것은 없다. 이부자리를 정돈하고 긍정의 메시지를 마음에 새기는 단순한 것들이다. 그런데 해보면 알겠지만, 그런 작은 노력과 몸에 밴 습관이 얼마나 큰 변화를 가져오는지 모른다. 바쁘다고 허둥지둥하고 주변에 소홀하면 그날 일도 잘되지 않는다. 그리고 잘못된 결과를 외부에서 찾기만 하면서 점점 더 헤어 나올 수 없는 수렁에 빠진 것처럼 의기소침해진다.

물론 모든 사람이 다 자신이 목표한 것을 성취하기 위해 의욕적인 삶을 살고 싶어 하지 않을 수는 있다. 그러나 목표가 있다면, 잘 살고 싶고 도전한 일에서 성과를 내고 싶다면 남 탓하면서 대충 살지 않아야 한다. 바빠서, 여자라서, 또는 자신을 알아주는 사람이 없어서 못 했다는 핑계에 익숙해지면 평생 핑계만 대며 살아야 할 수도 있다.

1

흔들리지 않고 계속 가는 법

▮▮ 이기적이어도 괜찮다

한때는 잘나갔던 사람이 중간에 멈춰 서는 사례를 자주 봤을 것이다. 왜 누구는 포기하고, 누구는 계속 가고, 누구는 더 전진할까? 흔들리지 않고 피는 꽃은 없다던가. 누구나 실패와 좌절을 겪는다. 다만 그 이후가 다를 뿐이다. 좌절하고 포기해버리는지, 흔들리면서도 계속 가는지…. 어려움 속에서도 흔들리지 않고 계속 가려면 무엇보다 마음 근력을 튼튼히 하고, 성장 마인드셋으로 나를 바꿔야 한다.

> 마인드셋이란 세상을 바라보는 태도,
> 마음의 틀, 마음가짐, 사고방식을 말한다.
> 성장 마인드셋은 스탠퍼드 대학교 심리학과
> 캐럴 드웩$^{Carol\ Dweck}$의 심리학 이론으로,
> 나는 아직 성장할 수 있다는 믿음을 가지고 성공으로 나아가는 힘이고
> 변화를 만들어줄 강력한 동기다.

나만의 속도가 중요하다. 속도는 각자 알아서 정하면 되고, 잠시 쉬어 가도 된다. 스트레스를 잘 관리하면서 시간의 힘을 믿어보자. 언젠가는 다 지나간다. 안되면 말고 정신으로 다시 우뚝 설 수 있는 회복 탄력성을 키워야 한다.

무엇보다 내가 행복해야 한다. 이기적으로 들릴지 모르겠지만, 나에게는 나 자신과 내 아이가 가장 중요하다. 내가 일하는 첫 번째 이유도 나와 아이의 행복과 미래를 위해서다. 그래서 나에게는 나 자신을 다독이고 응원하는 것, 내 마음을 일으켜 세우는 것이 무엇보다 중요하다. 좀 더 이기적이 되는 것도, 나만 생각하는 것도 괜찮다. 내가 기분 좋아지는 일들을 찾아보자.

"저 좀 응원해주세요"라고 부탁하는 사람들이 많다. 물론 "저도 응원합니다"라고 답해주지만, 하늘과 땅의 간절한 기운을 모아 남을 위해 진심으로 기도해주는 사람은 살아보니 부모, 특히 엄마밖에 없다는 것을 느낀다. 그러니 나라도 내 자신을 위해 응원하기를 멈춰서는 안 된다. 계속 가기 위해서는 내가 나를 다잡아야 한다. 나를 아끼고 다독이며 응원하는 것도 내가 해야 한다. 모든 노력은 결국 나를 위한 것이기 때문이다. 이 하늘 아래 가장 소중한 사람은 나다. 나를 행복하게 해주자.

어느 날 느닷없는 고통과 어려움이 내 뒤통수를 칠 때가 있다. 그때 넘어지는 건 내 책임이 아니지만, 포기하고 일어나지 않는 건 전적으로 내 책임이다. 다시 일어나서 행복을 찾아야 한다. 나를 힘들고 지치게 하는 것들은 모두 치워버리자. 별로 중요하지 않은 사람들도 무시하자. 내 마음을 돌보면서 끝까지 갈 수 있도록 돕는 것이 나를 지키는 일이다. 행복은 크기가 아닌 횟수라고 생각한다. 늘 행복할 순 없지만, 행복한 순간은 내가 만들 수 있다. 행복의 순간을 늘려가면서 흔들리는 마음을 보듬어주고 흔들리는 나를 꼭 붙들고 계속 가보자.

2

작심삼일하고, 일희일비하기

▌ 원대하기보다는 실천 가능한 계획

작심삼일과 일희일비는 진득하지 못하고 가벼운 사람들의 특징을 보여주는 대표적 사자성어다. 하지만 나는 작심삼일하고 일희일비하자고 이야기한다. 3일에 한 번씩 좋은 목표를 세우고 계속하면 좋은 결과가 나온다. 좋은 결과가 나오면 그때마다 좋아하면 된다. 언제 또 좋은 일이 있을지 모르는데, 좋은 일이 생겼을 때 좋아하는 게 뭐가 나쁜가.

슬플 때는 내가 위로받을 수 있는 게 무엇인지 찾아보자. 한 달을 시작할 때도, 한 해를 시작할 때도, 나의 버킷 리스트를 계속해서 써보자. 거창한 게 아니더라도 해내기 쉬운 가벼운 버킷 리스트를 써서 하나하나 해내고 지워가다 보면 삶의 에너지를 얻을 수 있다.

세일즈 교육 자료에는 대단한 버킷 리스트 100개를 작성한 어떤 사람이 엄청난 성공을 거둔 뒤 20년 전 버킷 리스트를 확인했더니 그 오래전에 쓴 목록 대부분을 달성했더라는 이야기가 나온다. 꼭 대단한 내용이 아니어도 된다. 간단한 것으로도 긍정 스토리를 만들어갈 수 있다.

한 달을 시작할 때 내가 사고 싶은 책, 보고 싶은 영화, 듣고 싶은 강연, 만나고 싶은 사람들을 적어둔다. 달성하기 어려운 목표 몇 가지를 끼워 넣어도 좋다. 하나씩 해내고 지워가다 보면 보람과 행복을 느끼게 될 것이다.

3

적자생존, 기록의 힘

▎적는 놈이 살아남는다

기록의 힘은 생각보다 강력하다. 가장 편한 방법으로 적으면 된다. 종이 다이어리도 좋고, 페이스북이나 인스타그램에 올려도 좋다. 그냥 노트에 적어도 되고, 노트북에 회의록처럼 써도 된다. 요즘은 좋은 정보를 보면 내 개인 메신저로 보내놓기를 한다. 기록은 업무에도 도움이 되고, 마음의 힘을 기르는 데도 좋다.

나는 회의 내용도 대부분 그대로 적어두는 편이다. 책을 읽거나 강연을 들을 때도 가슴에 꽂히는 내용에 줄을 그어뒀다가 나중에 필사하거나 따로 메모한다. 누가 보라고 하는 일이 아니다. 머리가 복잡하거나 일이 잘 안 풀릴 때 힘이 되는 문구를 노트에 적거나 SNS에 올리면 생각도 정리되고, 그 생각이 다시 꼬리에 꼬리를 물고 새로운 아이디어로 이어지기도 한다. 심리 상담에서 자기 이야기를 털어놓으면서 답답했던 마음이 풀리는 것처럼, 기록하는 것만으로도 마음이 편해진다. 어떤 방식으로든 내 마음을 털어놓을 수 있는 저장소를 만들어놓고 기록하는 것만으로도 큰 힘이 된다. 글쓰기가 아니라 그냥 기록이다. 짧은 글도 좋고 한 문장으로 요약해도 좋다. 단어만 나열하거나 그림으로 그려도 된다.

몇 년 동안 써온 필사와 감정 노트들을 보면 너무 뿌듯하다. 기분이 안 좋을 때 문구류를 고르면 스트레스도 풀린다. 인생은 내 스토리를 써가는 것이다. 내 스토리가 데이터로 차곡차곡 쌓여 있다는 것을 생각하면 참 든든하다.

4

에너지를 만드는 5분 모닝 루틴

■ 운을 부르는 습관

하다 말곤 하던 모닝 루틴이 제대로 만들어진 것은 2019년이었다. 그때는 회사에서 챌린지 앱을 만들어 사용자 경험 숫자를 늘리기 위해 포상 보너스까지 내걸고 한창 도전자를 모을 때였다. 지금 우리 회사에서 하는 100일 독서 습관 장학금과도 비슷하고, 다이어트나 헬스 앱에서도 많이 하는 방식이다. 당시에는 그런 앱이 유행이었다.

 아침에 일어나 침대 정리하기, 물 한 잔과 영양제 먹기, 하늘 보며 숨 쉬기, 하루 7만 보 걷기, 매일 책 읽고 사진 찍어 올리기까지 나는 하루 6개 루틴에 도전했다. 매일 실행하고 SNS에 공유하며 3개월 넘게 이어진 이 습관 챌린지에서 나는 100만원의 보상금을 받았고, 그룹 전체의 챌린지 미션에도 성공해 즐겁게 회식을 했다. 그런 작은 성공으로도 자신감이 높아지는 것을 느꼈다. 운동이 근육을 만들듯, 좋은 계획과 실행으로 좋은 습관을 들이면 모르는 사이에 자신감이 차오른다.

 요즘은 '일어나서 침대 정리하기-하늘 보며 숨 쉬기-물 마시기-SNS 올리기' 등 네 가지 루틴으로 아침을 시작한다. 어쩌다 제대로 못 하면 기분이 찝찝해서 지키려고 노력하다 보니 아침 시작이 확실히 달라졌다.

 얼마 전 방송을 보다 유럽에서 활약하는 축구 선수 황희찬의 아침 일상을 보게 되었다. 좋은 운을 부른다는 그림이나 조각이 온 집안에 장식되어 있고, 아침에 일어나자마자 창문을 열고 바깥공기를 마시면서 물 한 잔을 마시는 모습이 내 아침 일상과 비슷해서 무척 반가웠다. 내 주변에도 금전운이 좋아진다는 황소 그림, 노란색 해바라기 그림, 웃는 얼굴 그림들이 있다. 근거 없는 믿음이겠지만 볼 때마다 기분이 좋아진다.

언젠가부터 무슨 일을 하든 환경 만들기가 중요하다는 생각에 그것부터 먼저 한다. 어른에게나 아이에게나 주위 환경은 매우 중요하다. 업무 환경도 마찬가지다. 내가 일을 더 잘할 수 있는 환경을 만들어야 한다. 업무 효율도 높아지고, 갑으로 일할 수 있는 환경부터 만들어보자.

① 잠자리 정리

미 해군의 윌리엄 맥 레이븐 William Harry McRaven 대장은 2014년 해군사관학교 졸업식 연설에서 자신이 군대에서 배운 인생 습관은 아침에 일어나 침구를 각지게 정리하는 것이라고 말했다. 일어나자마자 침구를 정리하면 아침의 시작이 달라지고, 그날 일이 잘 풀리지 않았어도 집에 돌아왔을 때 반듯하게 정리된 침대를 보면 그래도 한 가지는 제대로 해냈구나 싶어 자신감을 얻었다는 것이다. 그리고 오늘 얻은 자신감이 내일도 잘될 거라는 믿음을 갖게 해주었다고 했다. 작은 일을 해내는 것이 큰일을 해내는 힘의 원천이 된다.

나는 청소나 집 안 살림을 잘 못해서 정리하기 편한 제품을 골랐는데, 깔끔하게 정리된 침대를 볼 때마다 기분이 좋아진다. 지금도 아침마다 눈을 뜨면 가장 먼저 하는 일이 침구 정리다. 그렇게 정리된 침대 위에 오늘 입고 나갈 옷을 올려두면, 출격 준비 완료다.

② 창문 열고 아침 기운 마시기

내가 사는 동네는 석성산의 나무 향기가 가득한 곳이다. 아침에 일어나 침대 정리와 양치를 마치면 곧바로 창문을 열고 하늘을 보면서 날씨도 확인하고, 눈을 감고 심호흡을 하면서 들려오는 소리에 집중한다. 새소리가 들리면 새소리를 듣고, 빗소리가 들리면 빗소리를 듣는다. 어쩌면 이것이 명상이라고도 할 수 있다.

일요일 아침, 동백호수공원을 천천히 걸으면서. 석성산길의 공기가 달다.

계절마다 향기가 다르고, 맑은 날과 비 오는 날의 느낌이 다르다. 아침 기운으로 내 몸은 최적의 상태가 된다. 그 순간 아무 생각도 하지 않는다. 그저 눈을 감고 냄새를 맡고 고개를 들어 하늘을 보고 목을 돌리면 기분 좋은 아침, 시작이다.

③ 아침에 마시는 물 한 잔

공기를 들이마신 뒤에는 물 한 잔을 마신다. 차지도 뜨겁지도 않게 미지근한 물이 좋다. 영양제까지 챙겨 먹고 나면 오늘 하루 전투를 위한 몸 상태도 충전 끝이다.

④ 긍정적 글귀 따라 쓰고 SNS 공유하기

그다음에는 거울 앞에 편하게 앉아 소통을 시작한다. 내가 하는 일은 나 혼자만의 힘으로는 되지 않는다. 우리 일 이야기, 책과 아이들 이야기, 오늘의 이야기를 우리를 아는 고객은 물론이고, 아직 우리를 잘 모르는 이들에게 알려야 한다. 일을 함께하는 사람들과도 꾸준히 소통하기 위해 내 마음과 생각, 나를 바로잡아주는 글들을 SNS에 올린다. 아침 긍정 확언을 SNS에 공유하면서 나 자신을 긍정 에너지로 채운다.

5

아들과 함께 하루 한 끼

▎아침밥의 소중함

저녁은 아들과 같이 먹기가 쉽지 않아서 아침은 되도록 아들과 같이 먹으려고 노력한다. 우리 집 아침상은 다른 집들과 달리 세끼 중 제일 풍성하다. 성대하게 차려서 대접받듯이 먹는다. 아들과 함께 먹는 아침밥은 힘찬 하루를 위한 에너지 충전이자 아들과 나의 아침 일상이다.

일하는 엄마들에게 꼭 해주고 싶은 말은, 가족들 아침밥은 챙기면서 자신은 대충 때우지 말라는 것이다. 조금만 더 일찍 일어나서 가족들과 함께 아침상 앞에 앉자. 나는 아침 시간에 현장 라운지에 가야 할 때면 아침거리를 챙겨 가곤 한다. 가서 물어보면 대부분은 아침을 못 먹고 나왔다고 말한다. 아이들 등교 준비에 아침까지 먹여 보내느라 정작 자신은 한술도 뜨지 못하고 나오는 것이다.

아침 30분의 잠이 밥보다 더 소중해서, 또 아이들 챙기는 게 급해서 정작 자신에겐 소홀히 하는 것이다. 30분만 일찍 일어나서 아이와 같이 밥을 먹으면, 아이와도 더 친밀해지고 밥심으로 마음도 넉넉해져서 기분 좋은 아침을 맞이할 수 있다. 남편도 같이하도록 노력하자. 잊고 있을지 모르겠지만, 남편은 한때 내가 가장 사랑했던 바로 그 남자다. 아이보다 더 오래도록 동지이자 내 편이 되어줄 사람이다. 온 가족이 함께 도란도란 따뜻한 아침밥을 챙겨 먹고 나가면 남편도 기분 좋은 하루를 열 수 있을 것이다.

6
퇴근 의식

■ 결국은 체력

숨차게 바쁜 하루를 보내고 퀭한 눈으로 터덜터덜 집에 돌아온 적이 많다. 그럴 때 달팽이처럼 천천히 자라는 아이가 어슬렁어슬렁 걸어 나와 나를 보고 웃어주면 그렇게 행복할 수가 없었다. 그때마다 내가 돈을 버는 이유가 이 아이 때문이지, 다시 한번 떠올리곤 했다. 이제는 나보다 훨쩍 큰 키와 넓은 품으로 나를 안아주는데, 얼마나 포근하고 힘이 되는지 모른다. 그렇게 시작된 나의 퇴근 의식. 처음에는 반강제로 시작했지만, 점차 몸에 익어 습관이 되니 내가 들어가면 아들은 자다가도 벌떡 일어나서 나를 안아준다. 이제는 당연한 의식이 된 아들의 포옹은 강력한 내 자양 강장제다.

프리미엄 유아 교육 브랜드 키즈스콜레를 만든 지 6년이 지났다. 하지만 나는 지금도 전국을 다니며 스토리텔러로서 현장 고객들을 만난다. 대표 이야기꾼으로 아직 우리 브랜드를 모르는 고객들을 아무리 부지런히 찾아다녀도 시간은 늘 모자란다. 새벽부터 밤까지 한시도 쉬지 못하는 날이 허다하다.

그러다가 언젠가부터 새벽 출장이 체력적으로 너무 힘들었다. 아침에 일어나면 손끝 발끝이 다 저렸고, 단단하던 다리근육도 얇아진 것 같았다. 몸에서 오는 이상 신호에 바짝 긴장해서 병원에 갔더니 가족력인 당뇨 초기 증세라고 했다. 의사 선생님은 약을 처방해주려고 했지만, 나는 약을 먹기보단 운동을 하기로 했다.

매주 3일씩 밤 10시 이후에 근육 강화 운동을 하는 루틴을 만들었다. 처음엔 힘들지만 결국 습관이 되면 편해진다. 원래부터 운동을 싫어하는 나로서는 평생 약을 먹으면서 아이를 지키지 못하는 것보다는 낫다는 생각에 억지로라도 운동을 한다. 지금은 다리근육이 다시 단단해졌다. 살은 안 빠졌어도 당뇨 수치는 약을 안 먹어도 될 정도로 정상이다. 초기엔 숨 쉬기조차 힘들고 피곤했는데 그런 증상도 사라졌다. 병약한 닭보다는 차라리 건강한 돼지가 되기로 했다.

좋은 선생님과 정해진 시간에 훈련하는 습관은 반드시 좋은 결과를 낸다. 운동을 싫어해서 전에는 골프가 나와는 맞지 않다고 생각했고, PT를 계약하고도 끝까지 해내지 못했다. 그런데 절박하니 핑계가 다 사라졌다. 모닝 루틴 만들기와 똑같은 방법으로 1년 동안 밤과 주말을 투자해 마침내 2개의 결과를 만들어냈다. 난생처음 가장 하기 싫어하던 두 가지를 해내고 나니 '아, 나는 싫은 것도 견디며 해낼 수 있는 사람이구나' 싶어서 뿌듯했다.

건강을 잃으면 일도, 돈도, 명예도 다 소용없다. 사랑하는 소중한 사람들을 지키고, 내가 하고 싶은 일도 오래오래 하고 싶다면 건강부터 지켜야 한다. 마지막엔 결국 체력 싸움이다. 엄마들은 아이가 잠들고 나서야 겨우 잠자리에 들어 요즘 말로 '육퇴(육아 퇴근)'하기도 바쁜데 무슨 저녁 운동이냐고 하겠지만, 시간은 만드는 것이다. 정 안 되면 아이 손 잡고 동네 산책이라도 하자. 늘 활기차고 당당한 내가 되고 싶다면, 내가 먼저 건강해야 한다.

7

친구의 중요성

▌▌관계 디톡스

필요할 때만 찾는다면 이미 친구가 아니다. 내가 필요할 때만 연락하면, 친구라는 존재들이 어느 순간 내 곁에서 사라지고 없을 것이다. 나도 한때는 일에만 빠져서 회사와 집만 오가느라 친구들과 거의 연락을 못 하고 지냈다. 그런데 일로 만나는 사람들하고만 어울리다 보면 내 타이틀이 바뀌는 순간, 수많은 사람이 내 곁에서 사라진다. 어느 회사의 대표는 어려운 순간을 맞아보니 나를 진심으로 생각해주는 사람이 누구인지 알게 되었다면서 저절로 인간관계 디톡스가 되더라는 말을 했다. 그런데 일로 만난 사람들은 일이 달라지면 당연히 멀어질 수밖에 없다.

인생이라는 긴 경주에서 흔들리면서도 끝까지 가려면 일과 상관없이 같이 놀고, 이야기하고, 소통하는 친구들이 있어야 한다. 친구들은 내가 한동안 일에 매달리느라 '초절정 싸가지'가 되어 자기들을 소홀히 대했는데도 다시 다가갔을 때 기꺼이 내 손을 잡아주었다. 친구도 곁에 있을 때 잘해야 한다. 나와 이해관계가 얽이지 않은 사람들에게 일부러 연락도 하고, 시간을 내서 만나야 한다. 분기에 한 번씩이라도 꼭 만나고, 생일날에는 꼭 연락해서 축하해주고, 날이 좋으면 문자도 보내보자. 다시 강조하지만 신경 써주고 잘해주는 사람한테는 장사가 없다. 소중한 사람들은 더 소중하게 대해야 한다. 반대로, 필요할 때만 연락해오는 사람들에겐 너무 정성 들이거나 마음 쓸 필요가 없다.

Key Advice

지치지 않고 나만의 속도를 찾는 법

① **하나, 행복한 순간을 만들어라**

늘 행복할 순 없지만, 행복한 순간은 만들 수 있다. 나를 기분 좋게 만드는 것을 찾아보자. 에너지가 충전되는 가족과의 시간 보내기, 새소리를 들으며 아침 산책하기, 진심으로 대해주는 친구들에게 메시지 보내기 등.

② **둘, 기록의 힘은 생각보다 강력하다**

기록은 마음의 힘을 기르는 데도 좋다. 가슴에 남는 문장을 따라 적거나, 인상 깊은 강연의 내용을 메모해라. 대단한 내용이 아니어도 좋다. 그날의 감정과 떠오르는 생각, 하고 싶거나 사고 싶은 것들을 적어보자.

③ **셋, 에너지를 만드는 루틴**

운동으로 몸 근육을 만들면 몸을 쓰기가 수월해지는 것처럼, 일정한 계획으로 습관을 만들어 일상의 근육을 다져라. 상쾌한 하루를 맞이하기 위한 퇴근 후 지친 마음을 환기하기 위한 나만의 하루 습관을 만드는 것이다.

Check Check

나 지금 잘하고 있나요?

- ☐ 마음을 털어놓을 저장소를 만들고 기록한다.
- ☐ 하루를 시작하는 나만의 모닝 루틴이 있다.
- ☐ 하루 한 끼는 스스로에게 식사를 대접한다.
- ☐ 일주일에 3번 이상 운동한다.
- ☐ 이루고 싶은 일은 생각만 하지 않고 종이에 적는다.

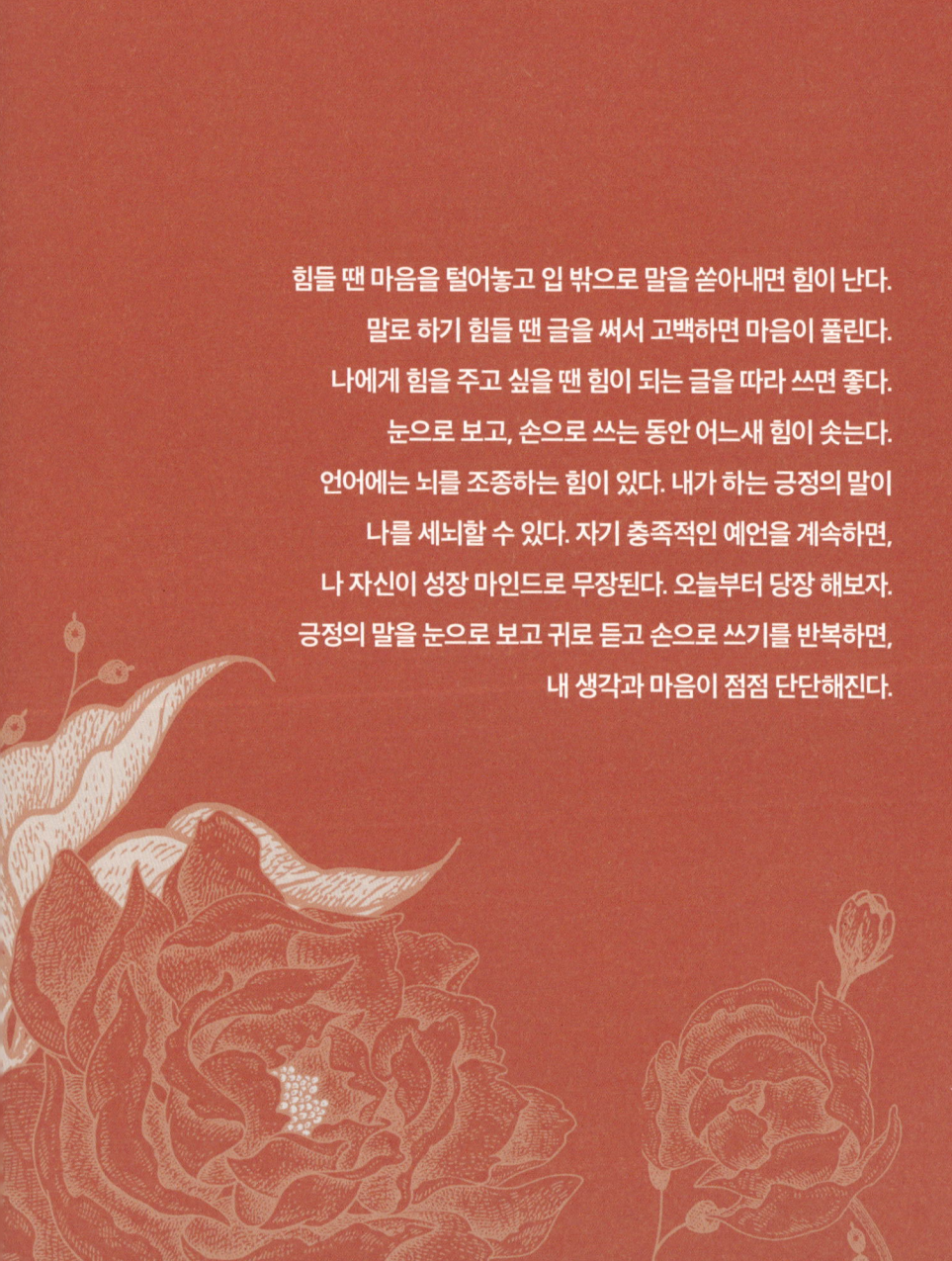

힘들 땐 마음을 털어놓고 입 밖으로 말을 쏟아내면 힘이 난다.
말로 하기 힘들 땐 글을 써서 고백하면 마음이 풀린다.
나에게 힘을 주고 싶을 땐 힘이 되는 글을 따라 쓰면 좋다.
눈으로 보고, 손으로 쓰는 동안 어느새 힘이 솟는다.
언어에는 뇌를 조종하는 힘이 있다. 내가 하는 긍정의 말이
나를 세뇌할 수 있다. 자기 충족적인 예언을 계속하면,
나 자신이 성장 마인드로 무장된다. 오늘부터 당장 해보자.
긍정의 말을 눈으로 보고 귀로 듣고 손으로 쓰기를 반복하면,
내 생각과 마음이 점점 단단해진다.

4장.
나에게 힘이 된 글 12

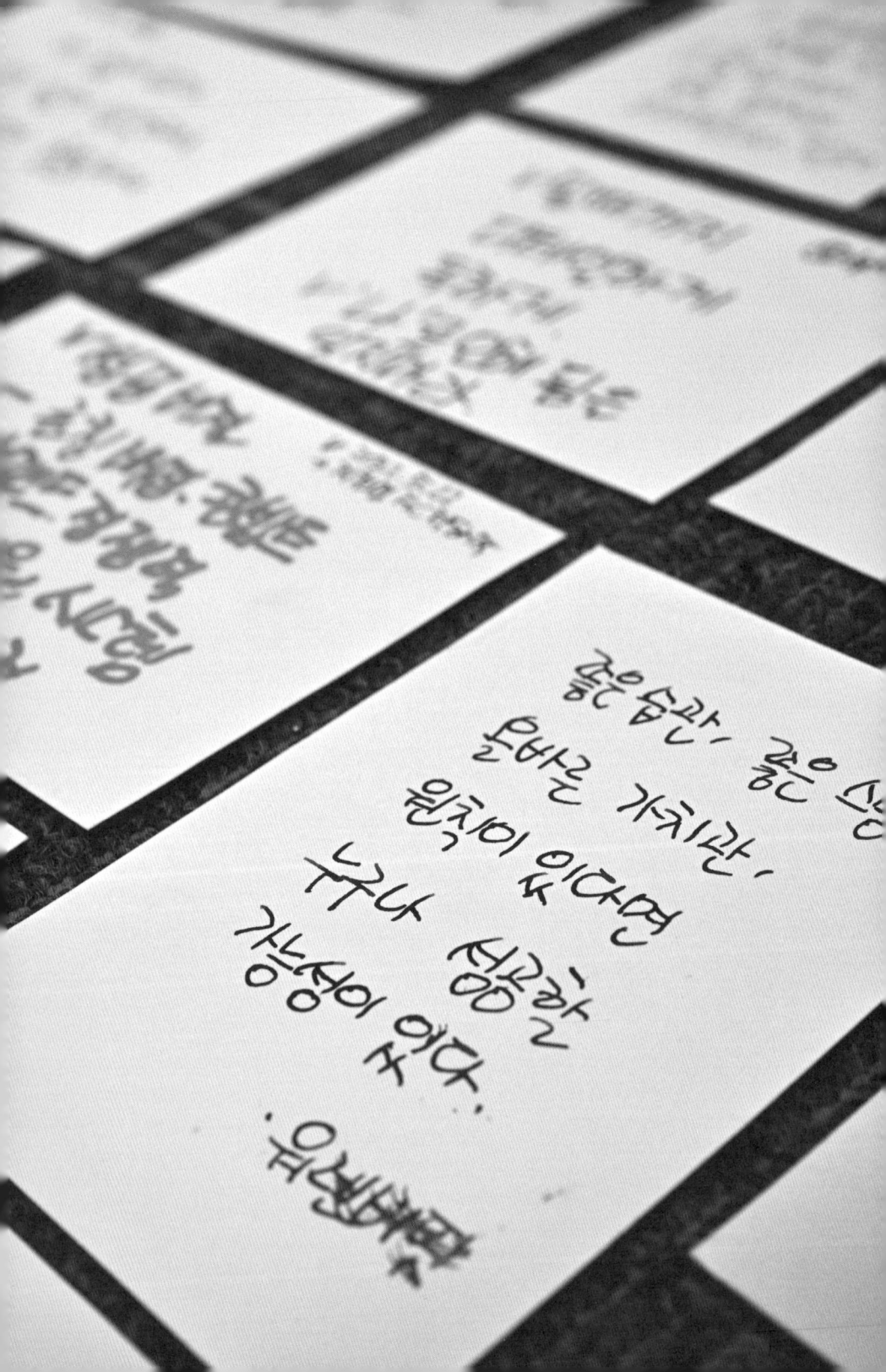

좋은 문장의 힘

매일 좋은 글귀를 따라 적는다. 힘들고 지칠 때마다 그 상황을 견딜 힘을 준 것은 누군가가 남긴 글귀였고, 그들의 좋은 생각이었다. 그렇게 좋은 문장을 발견하면 종이에 손 글씨로 옮겨 직원들에게 나눠 주기도 한다. 좋은 생각을 품는 것만으로도 삶은 조금 더 수월해지고 견딜 만하다.

박노해 시인의 시집은 읽으면 읽을수록 인생을 곱씹게 만드는 문장이 많아 책상 옆에 두고 자주 펼쳐 보고 다이어리에 옮겨 적기도 한다. 모든 문장이 내 마음을 다 아는 듯 지친 나를 달래주기도 하고 가끔은 채찍질도 한다.

좋은 글귀는 페이스북에 공유하는 것도 오랜 습관이다. "자존심의 꽃이 떨어져야 인격의 열매가 맺힌다. 인생은 끊임없는 반복, 반복에 지치지 않는 자가 성취한다." 웹툰〈미생〉의 한 대목이다. 영국의 윈스턴 처칠은 "낙관적인 사람은 고난에서 기회를 보고 비관적인 사람은 기회에서 고난을 본다"라고 했다. 내 마음과 고민에 조금의 실마리라도 되는 글은 두고두고 꺼내본다.

사람이 처음부터 다 잘할 수는 없다. 좌충우돌하는 20대에는 세상 고난 다 경험해본 이들의 지혜를 얻을 수도 없다. 그러나 답을 찾고 좋은 생각을 품다 보면 좀 더 나은 결정을 내리고 힘든 시기를 견딜 용기를 얻을 수 있다.

뭐든 잘되는 것 같고 실패라고는 모를 것 같은 사람도 다 기우뚱거리며 그 자리까지 갔음을 알아야 한다. 좀 더 현명해질 수 있도록, 더 나은 결정을 내릴 수 있도록 늘 자신의 마음을 경계해야 한다.

무엇을 시도할 용기조차 없으면서 멋진 인생을 바란단 말인가?

빈센트 반 고흐

빈센트 반 고흐 네덜란드의 후기 인상주의 화가. '감자 먹는 사람들', '정물: 열두 송이의 해바라기', '별이 빛나는 밤' 등 다수 작품을 남긴 후기인상파의 대표 거장.

이 글은 내가 40대일 때 내 인생 2.0을 맞이하게 해준 문구다. 사람이 살면서 가장 후회하는 일은 이전에 저지른 잘못된 행동이 아니라 그때 해야만 했는데 못한 일이라고 한다. 나는 40대에 난생처음 이직 인터뷰를 하기 위해 서울 삼성동의 한 에듀테크 사무실을 찾아갔다. 그때 건물 중앙 라운지 벽에 빈센트 반 고흐의 말이 적혀 있는 것을 보았다. 지루해서 죽기보다는 차라리 열정으로 인해 죽겠다던, 고흐가 했을 법한, 인생을 열정적으로 살게 만들어주는 동기부여 격문이었다. 아인슈타인도 "아무 일도 하지 않으면 아무 일도 일어나지 않는다"라고 이야기했다.

인터뷰를 마치고 나오는 길에 마주한 이 글을 보자 가슴이 쿵쾅거렸다. 나는 과연 용기 있는 사람인가? 도전도 하지 않으면서 불평만 하고 있었던 건 아닌가? 그날은 사실 인맥을 넓히겠다는 생각으로 인터뷰에 응한 자리였고 마음은 기존에 잘 아는 업계로 이직을 결정한 상태였다. 그런데 반 고흐의 문구가 내 마음을 흔들어놓았다. 그때 이 글을 만나지 못했다면 나는 익숙해서 편하고 미래가 조금은 더 안정적인 회사를 택했을 것이다. 그랬다면 온라인 교육 시장이나 1990년대생들과 함께하는 에듀테크 시장, 그리고 교육을 넘어선 온라인 콘텐츠 마케팅에는 눈뜨지 못했을 것이다.

경력 단절의 어려움을 이야기하는 여자들이 많다. 새로운 일을 시작하기란 누구에게나 두렵고 힘들다. 그러나 낡은 문을 박차고 나와 어렵게 다시 자리 잡은 이들과 이야기를 나눠보면 시작하는 두려움보다 더 힘든 건 예전보다 못한 일로 시작해야 한다는 사실이었다고 말한다. 무엇을 하고 싶든 다시 시작하면 무조건 어렵고 힘들고 불편할 것이다. 따라서 새로 무언가를 시작했다면 기대치를 낮추고 겸손하게 배워가야 한다. 그러다 보면 분명 가슴 뛰는 순간이 찾아올 것이다. 그때부터는 지루할 틈이 없고, 하루가 어떻게 지나가는지조차 모를 만큼 즐겁고 멋진 인생을 살게 될 것이다.

연탄재 함부로
발로 차지 마라
너는 누구에게
한 번이라도
뜨거운 사람이었느냐

안도현

안도현 "연탄재 함부로 차지 마라"라는 문장으로 유명한 시집 《외롭고 높고 쓸쓸한》, 어른을 위한 동화 《연어》 등 대중성 있는 작품으로 우리나라의 서정 시단을 대표하는 시인.

성공하는 데 가장 중요한 한 가지를 꼽으라면, 나는 '사람'이라고 대답하고 싶다. 살면서 이런저런 일로 힘들 때가 참 많았다. 그런 순간을 겪으면서 깨달은 사실이 '내가 좋은 사람이 되면 좋은 사람이 나에게 온다'는 것이었다. 그런데 좋은 사람이 되기란 절대 쉽지 않다. 노력한다고 금방 되는 것도 아니다. 사람이라는 존재 자체가 원래 이기적이기 때문이다. 게다가 세상에서 사람 마음 얻기가 가장 어렵다고 하지 않는가. 백이면 백, 얼굴이 다른 것처럼 사람 마음도 다르다. 내가 좋다고 생각한 것이 남들에게는 좋지 않을 수도 있으니, 바람 같은 사람의 마음을 나에게 묶어두기가 쉬울 수는 없다.

요즘 친구들은 안도현의 시는 알지 몰라도 연탄재를 진짜로 본 일은 거의 없을 것이다. 나 어릴 때는 집마다 대문 앞에 연탄재가 잔뜩 쌓여 있었다. 까맣고 반질반질하던 연탄이 다 타고 나서 푸석푸석하고 구멍이 숭숭 난 살구색 연탄재가 되면 참 볼품이 없어진다. 최선을 다해 제 몸을 불태웠기에 그리된 거다. 그 순간, 얼마나 뜨거웠겠는가.

좋은 사람에게는 좋은 사람, 나쁜 사람에게는 나쁜 사람이 다가온다. 좋은 사람과 함께하면 행복이 오고, 뛰어난 사람과 함께하면 성과가 온다. 믿고 잘해준 사람에게 뒤통수를 맞지 말란 법도 없다. 맞으면 많이 아프겠지만 어쩔 수 없지 않은가? 그것도 인생 교훈 하나 배운 셈 치면 억울하지 않다.

회사를 합병하면서 '선이동, 후통합' 과정을 거치다 보니 어려움이 많았다. 이전 회사에서 개인 정보 보호 이슈를 이유로 뜸 들이는 동안 협상 과정에서 다양한 불만이 터져 나오기도 했다. 내가 이렇게 힘든 걸 누가 알기나 할까 싶어서 섭섭한 마음도 들었다. 그런데 나중에 알고 보니 어린 20대 직원들까지 발을 동동 구르며 해결책을 찾아다녔고 작은 힘이라도 보탠다는 마음으로 밤늦게까지 작업을 했다는 말을 전해 들었다. 마음이 모이면 일은 되게 마련이다. 사람은 그렇게 소중하다.

어두운 길을 걷다가
빛나는 별 하나 없다고 슬퍼하지 말아라

가장 빛나는 별은 아직 도달하지 않았다

구름 때문이 아니다
불운 때문이 아니다

지금까지 내가 본 별들은
수억 광년 전에 출발한 빛

길 없는 어둠을 걷다가
별의 지도마저 없다고
주저앉지 말아라

가장 빛나는 별은 지금
간절하게 길을 찾는 너에게로
빛의 속도로 달려오고 있으니

박노해 한국의 시인이자 노동운동가, 사진작가. 박노해는 '박해받는 노동자 해방'이라는 뜻의 필명으로, 본명은 박기평이다. 대표작으로 에세이 《걷는 독서》, 시집 《너의 하늘을 보아》 등이 있다.

내가 가장 힘들었던 2013년 즈음에 접한 박노해 시인의 시는 10년 동안 줄기차게 힘이 되어주었다. 남편과 사별하고 성치 않은 아이를 놔두고 일하러 나간다는 험담까지 들어가면서 나의 모든 것을 바친 일터에서 내팽개쳐진 시기. 나를 지탱해주던 자존감도 이미 바닥이었다. 사랑하는 남편과 아이에게 최선을 다하지 못했다는 죄책감에 기댈 사람도 없이 아이와 내가 앞으로 더 불행해질지도 모른다는 두려움이 온통 나를 감쌌다.

그때 함께 일하던 직원이 박노해 시인의 에세이를 건넸다. 그 뒤로는 시인의 시를 보면서 마음의 위로를 받고 다시 힘을 낼 수 있었다. 그때 내가 정신줄을 놓지 않고 꼭 붙들 수 있었던 것도 박노해 시인의 시 덕분이었다.

대학 시절 군사정권에서 사형선고를 받고도 환하게 웃던 시인의 사진이 참 인상 깊었다. 그의 시집은 희망을 이야기한다. 지금은 어렵고 어두운 밤이지만 가장 빛나는 별이 빛의 속도로 나에게 오고 있다니… 이 얼마나 따뜻한 위로인가. 글 몇 줄만으로도 많은 이에게 큰 희망을 줄 수 있다. "이제 얼마 남지 않았으니 지금처럼 노력하고 있으면 곧 좋아질 거야!"하며 응원해주는 글. 그래서 아이들이 책을 통해 내일의 희망을 갖도록 도와주는 키즈스콜레 사업이 더 보람 있고 가치 있게 느껴진다.

취준생에게도, 직장인에게도, 엄마나 아빠에게도. 세상살이가 힘든 모든 이에게 희망은 필요하다. 간절한 마음으로 포기하지 않고 계속 살아가는 우리에게 가장 빛나는 별이 찾아오고 있다. 가장 좋은 것은 아직 오지 않았다.

> 앞일을 생각하는 건
> 즐거운 일이에요.
> 이루어질 수 없을지는 몰라도
> 미리 생각해보는 건 자유거든요.
> 린드 아주머니는 "아무것도
> 기대하지 않는 사람은 아무런
> 실망도 하지 않으니
> 다행이지"라고 말씀하셨어요.
> 하지만 저는 실망하는 것보다
> 아무것도 기대하지 않는 게
> 더 나쁘다고 생각해요.

빨간 머리 앤 루시 모드 몽고메리의 소설 《빨간 머리 앤》의 주인공. 빨강 머리에 주근깨가 있다. 못생겼다는 말을 들어도 개의치 않는, 자신의 존재에 긍정적 확신이 있는 인물.

내 인생 책을 한 권 꼽으라면 《빨간 머리 앤》이라고 말하고 싶다. 어린 소녀가 참 당차고 도전적이다. 객관적으로 보기에는 불행하기 짝이 없는 인생인데도 말이다. 고아가 되어 보육원에서 생활하며 동생들을 돌봐야 했고, 입양되었다가 돌려보내질 위기에 처했으나 가까스로 다시 자리 잡게 된 날, 앤은 기죽지 않고 다시 꿈을 꾼다.

어린 시절 너무 재미있게 본 TV 만화를 나중에 책으로 다시 읽었다. 《빨간 머리 앤》은 출판사마다 다양한 에디션이 나와 여러 권을 가지고 있기도 하다. 건방지면서도 당찬 앤이 이루어나가는 성취와 사랑의 이야기는 읽을 때마다 감동으로 다가온다.

2019년 한 방송사 교양 프로그램에서 "당신의 인생 단어는 무엇입니까?"라는 질문을 했다. 젊은이들을 산사의 방에 따로 있게 하고 국어사전을 나누어준 뒤 자신을 정의할 수 있는 인생 단어를 찾아보게 하는 내용이었다. 어떤 사람은 고민의 폭이 좁았고, 어떤 사람은 잘 모르겠다면서 자신을 돌아보며 고민에 빠졌다. 그 방송을 보면서 나도 내 인생 단어가 무엇일까 생각하다가 '빨간 머리 앤'을 떠올렸다. 막막한 현실에도 좌절하지 않고 끝까지 꿈꾸며 도전하는 긍정적인 앤을 보면서 나는 '꿈, 오기, 도전, 긍정, 책임감' 같은 내 인생 단어를 찾았다.

앞일을 생각하는 건 즐거운 일이다. 어떤 일을 기대하면서 해보는 것, 그것이야말로 살아 있다는 증거가 아닐까. 기대하며 도전해보자.

04

좋은 스승, 좋은 습관, 올바른 가치관, 원칙이 있다면 누구나 성공할 수 있다

워렌 버핏

워런 버핏 미국의 기업인이자 투자자. 버크셔 해서웨이의 최대 주주이자 회장이며 CEO. 2022년 기준 총자산 규모 1104억 달러(약 146조6000억원)로 〈포브스〉가 선정한 세계 6위 부자.

워런 버핏과의 만찬이 몇십만 달러나 되는 경매가에 낙찰되었다는 기사를 다들 본 적이 있을 것이다. 전 세계 부자 순위로 손가락 안에 꼽히는 버핏 이야기는 투자 관련 일화에서도 절대 빠지지 않는다. 그리고 그의 성공담에 꼭 나오는 것이 '독서'다.

그는 지혜를 구하거나 성공을 원하는 사람들에게 조언해줄 한 가지를 꼽으라면 무엇이냐는 질문에 "Read, read, read"라고 대답했다. 나는 지금의 내가 20대의 나보다 훨씬 나은 사람이라고 생각한다. 살면서 숱한 일을 겪느라 둥글둥글해진 덕분이기도 하지만, 이런 내가 되기까지 가장 큰 영향을 미친 것은 단연코 책이라고 말할 수 있다.

사람은 책을 통해 생각이 바뀐다. 생각이 바뀌면 태도가 바뀌고, 태도가 바뀌면 행동이 바뀐다. 사주는 정해져 있을지 몰라도 팔자는 바뀔 수 있다던데, 나는 그 방법이 바로 책 읽기라고 생각한다.

좋은 책을 만나면 생각이 바뀌고 올바른 생각을 하면 인생이 달라진다. '책 읽는 습관'을 인생 루틴으로 만들면 그만큼 성공할 가능성이 커지는 것이다. 버핏은 명문가에서 태어나기도 했지만, 그 가문을 더욱 성장시킨 사람이기도 하다. 그는 매일 아침 〈월스트리트 저널〉과 책을 읽으면서 '독서'라는 좋은 습관을 들였고, 아버지에게 바른 교육을 받았다. 그는 부를 만들고 더욱 키우기 위한 명확한 가치관을 세워 성공한 인생을 이루어낸 인물이다.

일을 잘하고 자기 분야에서 성공하고 싶다면, 좋은 습관과 태도로 내가 닮고 싶은 롤 모델을 찾고, 내가 가야 할 방향과 비전을 세워 나의 가치관을 추구해야 한다. 버핏의 방식은 우리 모두에게 적용할 수 있다. 노력하는 자세만 갖춘다면 어제보다 나은 오늘은 자연스럽게 따라온다. 그렇게 매일 조금씩 성장한다면 그것이 성공이 아니고 무엇인가.

감사 10계명

① 생각이 곧 감사다
② 작은 것부터 감사하라
③ 자신에게 감사하라
④ 일상을 감사하라
⑤ 문제를 감사하라
⑥ 더불어 감사하라
⑦ 그럼에도 불구하고 감사하라
⑧ 잠들기 전 시간에 감사하라
⑨ 감사의 능력을 믿고 감사하라
⑩ 모든 것에 감사하라

찰스 스펄전 영국의 침례교 목사. '설교의 황태자'로 불리는 찰스 스펄전은 19세기 사람이었지만 현시대까지 길이 남을 설교를 남겼다. 저서로는 《목회자 후보생들에게》, 《스펄전 묵상록》 등이 있다.

일러두기
· 위 글은 전문을 요약해 정리했습니다.

오프라 윈프리의 영상이나 책을 보면서 소름이 돋은 적이 있다. 미국 사회에서 가장 약자라고 할 수 있는 흑인 여성이 자기 이름을 내걸고 토크쇼를 하고, 여러 차례 아카데미상과 에미상의 수상자가 되었으며, 〈포브스〉에서 선정한 '전 세계 가장 영향력 있는 100인'에 이름을 올렸다.

많은 명언을 남겨 명언 제조기로도 불리는데, 그중에 "남의 험담을 입에 달고 사는 부정적인 사람을 멀리하라"라는 말이 있다. 내 정신력이 약할 때 부정적인 사람을 가까이하면 그 피해는 고스란히 내가 보게 된다. 반대로, 긍정적인 사람과는 일부러라도 가까이하려고 애쓰고, 중요한 일을 함께하려고 노력해야 한다. 복을 주는 사람이기 때문이다. 부정적인 사람은 모든 일에 남 탓을 하고 핑계를 찾는다. 반면, 긍정적인 사람은 할 수 있는 길을 찾는다.

나는 가끔 감사 10계명을 필사한다. 마음이 좋지 않을 때마다 읽으면 힘이 되고 마음을 다독일 수 있어서 큰 도움이 된다. 감사하다고 생각하면, 정말로 감사하게 된다. 성공을 이루려면 상황을 긍정적으로 바꿔야 하는데, 그 첫 번째 비결이 감사다. 감사는 말로 표현해야 한다. 오늘도 내 가까이에 있는 이들과 내 주변에 있는 모든 이에게 감사하다고 말로 표현해보자. 그들 모두가 진심 어린 배려로 이미 나를 챙겨주고 있었다는 걸 문득 깨달을 수도 있다. 그것이 긍정 끌림의 법칙이다.

인생 '쫄지' 않고 사는 법

야구는 내내 잘하고 이기는 게 아니다.
잘 못하고 지고, 비참하고 괴롭고, 그럼에도
다시 운동장에 서야 하는 거다. 야구하는
게 내내 지는 거다. 인생은 토너먼트가
아니라 리그다. 야구만 그렇나.
사는 것도 그렇다.
이기는 날보다 지는 날이 많지.
3할이 어데고? 1할만 해도 장하다.

이현 2006년 《짜장면 불어요!》로 창비 '좋은 어린이책' 공모 대상을 수상하며 동화 작가로 등단한 동화 및 청소년 소설 작가. 《푸른 사자 와니니》, 《악당의 무게》 등을 썼다.

예전에는 내가 왜 그렇게 눈치를 보고 기가 죽어 있었나 모르겠다. 작은 것이라도 뭔가 잘못하면 모든 게 무너진 것처럼 생각했고, 한번 실수하면 저 사람이 나를 싫어하지 않을까, 나에게 나쁜 평가를 주지 않을까 걱정했다.

우리는 생기지 않을 일을 지레 상상하고 두려워한다. 남 눈치도 너무 많이 본다. 무슨 일이든 무조건 잘하려 하고 꼭 이기려고 했으며, 한번 일이 잘못되면 세상이 무너진 것처럼 좌절했다. 그런데 사실 우리가 하는 걱정의 90%는 일어나지 않는 일에 대한 것이고, 사람들은 나에게 그렇게 많은 관심이 없다. 살아보니 몇 번 졌다고, 실수했다고 인생이 무너지는 게 아니더라. 단지 우리가 지켜야 할 태도는 계속하는 것뿐이다. 걱정하지 말고 해보자.

수시로 내 맘대로 안 되는 일들이 생겼다. 키즈스콜레가 지금의 D사와 합병하던 대이동의 시대에는 아끼던 직원들마저 회사를 그만두었고, 그만둔 직원들이 내 뒤통수를 치기도 했다. 속상했다. 하지만 그렇다고 세상이 끝나는 것도 아니었다. 내 삶은 계속되었고, 계속하다 보니 더 좋은 사람들이 나에게 왔다. 안 좋았던 일이 오히려 좋은 일이 되어 나를 성장시켜준 적도 많았다.

인생은 토너먼트다. 일이 안 풀릴 때는 '다시 하면 되지' 하고 가볍게 생각하면 힘이 난다. 글을 써보고 그것을 소리 내서 읽어보면 마음이 편안해진다. 그리고 무엇보다 '쫄지' 말자. 오늘 바짝 집중해서 이겨버리겠다는 마음으로 전투력을 불태우자 이길 수 있다.

끝날 때까지
끝난 게 아니다

요기 베라 미국 프로야구의 전설로 불리는 요기 베라. 1940년대 후반부터 1950년대까지 메이저 리그 뉴욕 양키스에서 활약한 포수이자 지도자.

미국의 전설적인 야구 선수 요기 베라가 한 말이다. 요기 베라는 뉴욕 양키스의 영구 결번 포수로 양키스의 마스크를 쓴 기간에 얻은 반지만 10개고, 올스타에는 15번이나 선정되었다. 또 MVP 투표에서 5위 안에 든 횟수만 7번이고, 그중 3번은 MVP였다. 지도자로서 올스타에 선정된 것은 3번이나 된다.

그가 처음부터 빛나는 별은 아니었다. 이탈리아 이민자 가정에서 태어나 불우한 어린 시절을 보냈고, 학교도 제대로 다니지 못했다. 야구를 시작하고도 한동안은 크게 인정받지 못한 채 군에 입대해야 했다. 제2차 세계대전 참전 후 마이너리그로 복귀해 무명 시절을 거친 뒤에야 전성기를 맞이했다. "야구는 끝날 때까지 지켜봐야 결과를 확실히 알 수 있다"라는 그의 말은 확정된 듯한 패배 상황에서도 역전할 수 있다는 의미로, 지금은 야구뿐 아니라 인생 모든 분야에서 자주 인용된다.

현장 영업 관리자로 있을 때 목표 관리를 하면서 요기 베라의 말을 즐겨 썼다. 오기 섞인 의지의 말이었고, 숨이 턱에 찰 만큼 힘들 때도 끝날 때까지 끝난 게 아니라고, 끝까지 해서 이기자고 독려하려고 한 말이었다. 가끔은 그만두고 싶을 때 내 자신에게 해주는 말이기도 하다. 결과는 끝까지 해봐야 알 일이다.

인천 SSG는 2022년 코리안 시리즈와 정규 시즌에서 모두 우승을 차지했다. 40대 추신수 선수가 코리안 시리즈에서 우승한 뒤 정용진 구단주와 우는 모습을 보았다. 그는 이제껏 화려한 야구 인생을 살아왔지만, 우승팀의 경험은 처음이었다. 마지막 프로 인생을 국내에서 후배들과 함께하면서 팀 우승을 거두는 것으로 '끝날 때까지 끝난 게 아니다'라는 걸 꼭 보여주고 싶었을 것이다. 끝까지 해내고야 말겠다는 '끝장 정신'으로 끝까지 하는 사람이 다 가지게 되어 있다.

류시화

나무에 앉은 새는 가지가 부러질까 두려워하지 않는다. 새는 나무가 아니라 자신의 날개를 믿기 때문이다.

류시화 시인이자 명상가. 시집 《그대가 곁에 있어도 나는 그대가 그립다》, 《외눈박이 물고기의 사랑》, 《나의 상처는 돌 너의 상처는 꽃》 등 80여 권의 작품을 출간했다.

누구나 아직 되지 못한 것이 되기를 바라고, 그것에 대한 미련을 버리지 못한다. 그러면서도 막상 무슨 일을 시작하려 할 때는 생각이 너무 많다. 이래서 저래서 안 될지도 몰라, 안 되면 어쩌지, 차라리 아예 시작하지 않는 게 더 나으려나, 하면서 걱정으로 탑을 쌓는다. 그렇게 우물쭈물하다가 결국 "아, 시기를 놓쳐버렸어. 그때 해야 했는데…" 하며 후회한다. 살면서 가장 어리석은 말이 "그때 해야 했는데…"하는 말이라고 한다.

"살까 말까 할 때는 사지 말고, 할까 말까 할 땐 하지 말고, 말할까 말까 할 땐 말하지 말라"라는 말이 있다. 그런데 나는 할까 말까 할 때 하지 말라는 말에 반대한다. 요리조리 재다 보면 못 하게 되는 일이 너무 많다. 무슨 일을 할 때 가장 중요한 건 내 마음과 의지다. 내가 하고 싶은지 아닌지가 성공 여부를 가장 크게 좌우한다. 새들은 나뭇가지가 부러지는 순간 푸드덕 날아오르면 되기에 아무 나뭇가지에나 앉듯이, 무슨 일을 할 때도 핵심은 부러질지 모르는 '나뭇가지'가 아닌 그 일을 하는 '자신'이다.

정주영 회장은 직원들이 어떤 일을 검토한 뒤 어렵다고 보고하면 "해보기나 했어?"라고 물었다고 한다. 나는 그 말을 참 좋아한다. 너무나 가슴에 와닿는 말이어서 나도 무슨 일이든 일단 해본다.

사업의 핵심도 일단 해보는 '실행'에 있다. 개인의 성취도 마찬가지다. 일단 해보자. 모든 건 내 마음과 나 자신을 믿는 것에 달려 있다.

지금 당장 200% 행복해지는 법

다가오지 않은 시간에 대해
상상하지 않기.
지나간 일에 대해서 생각하지 않기.
그렇게 갖지 못한 것에 미련 두지 않기.
오지 않을 것에 미리 겁먹지 않기.
항상 지금을 살 것.
곁에 있는 사람을 지킬 것.

김재식 페이스북 커뮤니티 '사랑할 때 알아야 할 것들'의 운영자이자 에세이 작가. 대표작으로는 《좋은 사람에게만 좋은 사람이면 돼》,《단 하루도 너를 사랑하지 않은 날이 없다》 등이 있다.

20대와 30대 초반의 나를 생각하면 '쫄보'인 데다 분노 장애도 있었던 게 아닌가 싶다. 회계 정산을 하면서도 '틀리면 어떡하지', '틀려서 감사를 받으면 어떡하지'라는 걱정을 달고 살았다. 강연할 때도 '내가 말한 내용에 오류가 있으면 어떡하지', 대학 때 노래 동아리에 있을 때도 '노래 부르다가 틀리면 어떡하지', '내 목소리를 사람들이 싫어하면 어떡하지' 하면서 불안해했다. 그런데 지나고 보니 사람들은 나에게 별 관심이 없었다. 실수했으면 다음에 안 하면 된다.

문제가 생기면 해결하면 되니 생기지 않은 미래의 일로 미리 겁먹고 걱정할 필요가 없다. 생길 일은 걱정한다고 안 생기는 게 아니기 때문이다. 나는 "아니면 말고"라는 말을 자주 쓴다. 일하다 보면 실수할 때도 있다. 그럼 재빨리 다음 단계를 생각해 해결책을 찾는다. 그런 문제 해결 능력이 오히려 내 경험과 능력이 한 뼘 더 성장하는 데 도움을 주었다. 모든 사람이 나를 좋아해서 내가 무슨 일을 하든 무조건 칭찬해주는 상황은 절대 오지 않는다. 그러니 못할 수도 있고, 실수할 수도 있고, 해놓고 욕을 먹을 수도 있다. 다 잘해야 한다는 생각으로 불안해하지 말고 차라리 '아니면 말고'라는 생각으로 걱정과 염려, 불안을 털어버리는 게 정신 건강에 낫다.

내 인생 태도가 달라진 건 남편의 암 투병을 함께 견딘 뒤부터였다. 그때는 내 마음이 가장 힘들고, 어려움도 떼로 몰려온 시간이었다. 하지만 지나고 보니 그렇게 힘들었을 때도 '남편과 함께하면서 좋은 순간들이 있었는데, 그 순간을 더 즐기지 못한 게 아쉽고 후회된다. 겁내지 말고 미리 걱정하지도 말고 순간순간을 즐기자. 지나간 일은 잊고 지금에 집중하면서 내 곁에 있는 사람들을 소중히 여기며 잘하면 된다.

카르페 디엠, 아모르 파티(Carpe diem, Amor fati).

너의 하늘을 보아

네가 자꾸 쓰러지는 것은
네가 꼭 이룰 것이 있기 때문이야

네가 지금 길을 잃어버린 것은
네가 가야만 할 길이 있기 때문이야

네가 다시 울며 가는 것은
네가 꽃피워 낼 것이 있기 때문이야

힘들고 앞이 안 보일 때는
너의 하늘을 보아

네가 하늘처럼 생각하는
너를 하늘처럼 바라보는

너무 힘들어 눈물이 흐를 때는
가만히 네 마음의 가장 깊은 곳에 가 닿는

너의 하늘을 보아

내 방 창가에는 두 권의 책이 놓여 있다. 파란색과 하늘색 시집. 박노해 시인의 《걷는 독서》와 《너의 하늘을 보아》다. 성경 시편을 읽듯 마음이 지쳐서 힘을 얻고 싶을 때 펼쳐보곤 한다. 그때마다 그러지 말고 힘내, 너만 그런 게 아니야, 하늘 좀 봐, 네가 힘든 건 가야 할 길이 있어서야, 꽃 피워야 할 게 있는 거야, 네 하늘을 봐, 하고 다독여주는 시구에 힘이 난다.

나를 가장 잘 응원할 수 있는 사람은 바로 나다. 나는 앞으로 꽃피울 사람이고, 앞길이 창창한 '잘될 사람'이다. 살면서 아무 일도 안 생기는 보통 날이 얼마나 될까? 예전에는 누가 "드릴 말씀 있습니다~"하고 들어오면 심장이 쿵쾅거렸다. 또 무슨 일이 생겼나 싶어서 불안했다. 평온하고 아무 일도 없는 날보다 드릴 말씀 있는 '대환장의 날'이 더 많았고, 가만히 길을 가다가도 무슨 일이 생기고야 마는 한 치 앞을 알 수 없는 게 인생이다. 그래도 내가 해야 할 일이 있고, 가야 할 길이 있고, 이루어내야 할 것들이 있기에 힘든 순간도 있는 것이니 어쩌겠는가.

나만 힘들고, 나에게만 어려운 일이 생기는 것이 아니다. 노력하는 사람에게는 힘든 일이 생기게 마련이고, 그들 모두에게는 그것을 이겨낼 에너지와 저력이 있다. "나는 괜찮다", "나는 예쁘다", "나는 잘하고 있다", "나는 멋지다" 면서 양팔로 나를 안아주고, 눈을 감고 토닥이며 스스로 응원해보자. 내가 가장 아끼고 소중히 다뤄야 할 사람은 바로 나다.

로마서 5장 3절

**우리가 환난 중에도
즐거워하나니
이는 환난은 인내를,
인내는 연단을,
연단은 소망을 이루는
줄 앎이로다**

사람이기에 뜻대로 안 되는 일이 많다. 그래도 너무 힘들어하지 말고, 이 힘든 일들을 모두 이겨내보자. 하나님은 나의 편이고, 나를 아끼시며, 환난 중에도 피할 수 있는 안전한 거처이며, 인내하면 연단되고, 소망을 이루고, 결국엔 강하고 담대하게 이겨낼 것을 나는 믿는다.

종교가 있는 사람이 절대자에 기대는 건 부끄러운 게 아니다. 하나님을 믿는 사람은 하나님께, 부처님을 믿는 사람은 부처님께 기도하자. 내가 어찌할 수 없는 일 앞에서 강하고 담대하게 현실을 받아들이고 단단하게 행동하면서 내가 어떻게 해야 하는지를, 내가 기댈 수 있는 절대 신에게 간절히 기도하자. 비가 올 때까지 기도하는 기우제처럼, 온 세상의 힘을 나의 뒷배로 두고 간절하게 기원하자.

첨언

일문일답

"선배님, 이럴 땐 어쩌면 좋죠?"
요즘 여자 후배들의 고민에 답하다

01

Q. 잘하고 싶지만, 가끔 정말 포기하고 싶을 때가 있습니다. 이럴 땐 어떻게 견뎌야 할까요?

A. 삶은 우리에게 친절하지 않아요. 좋을 때도 있지만 포기하고 싶을 때도 많죠. 그럴 때는 마음을 다잡는 노력이 필요해요. 어떤 힘든 상황도 결국은 다 지나갑니다. 대부분 그리 길지 않은 시간이고, 지나고 보면 오히려 그런 어려웠던 순간이 기회가 되기도 한다는 걸 기억하세요.

우울할 때 나 자신을 다독일 수 있는 보상 기제가 있다면 도움이 되기도 합니다. 수고한 나에게 상을 주고, 평소에도 자기 자신을 칭찬하는 거죠. 나를 일으켜줄 만한 사람에게 긍정적 멘토링을 받아보는 것도 좋습니다. **생각도 언어도 좋은 쪽으로 돌려놓고, 제일 좋아하는 것을 하면서 잊어버릴 것은 잊어버리세요. 그런 극복의 순간을 반복하다 보면 '아니면 말고' 정신이 강해집니다. 무시할 것은 무시하세요.** 가다가 쓰러지는 일은 나한테만 일어나는 게 아니에요. 그때 쓰러지는 건 내 잘못이 아니지만 쓰러진 다음에 다시 일어나지 않고 포기하는 건 내 책임입니다.

02

Q. 번아웃이 오는 것 같아요.
어떻게 극복하면 좋을까요?

A. 지금 잘나가는 것처럼 보이는 사람도 분명 그런 위기를 겪고 거기까지 갔다는 사실을 명심하세요. 그러니 좌절할 필요는 없어요. 극복할 방법은 있습니다. 우선 인생이 버거울 때는 세 가지를 바꿔 봅시다. 만나는 사람, 머무는 공간, 쓰는 시간. 다른 공간으로 가서 다른 사람을 만나고, 오로지 나만을 위한 시간을 만들고, 내 방 인테리어도 바꿔보고. 그렇게 살살 나를 다독이다 보면 번아웃도 언젠가는 날아갑니다.

번아웃인 것 같다고 너무 오랫동안 무기력에 빠져 지내면 점점 더 힘들어져요. 가능하면 빨리 극복하는 것이 좋으니 평소에 자주 나에게 상을 주고 보상 기제도 만들어봐요. 사실 저도 일하다가 지겹고 하기 싫을 때가 있었어요. 그게 번아웃이었는지 그냥 잠시 우울했던 건지 모르겠지만 **귀찮고 모든 게 지겨울 때는 잠시 한 템포 늦추는 시간도 필요해요. 업무와 관련 없는 일을 하면서 자신의 마음도 들여다보고요. 지금 당장은 앞이 캄캄해도 언젠가는 지나갑니다.**

03

Q. 자기 PR은 어떻게 해야 할까요? 노력한 만큼 제 성과를 잘 홍보하지 못하거든요.

A. 글쎄… 저도 제가 자기 PR을 잘하는지 모르겠고, 어떻게 했는지도 사실 기억나지 않네요. 다만 모든 것은 퍼포먼스가 말해줍니다. 그래도 한 가지 팁이라면 일하면서 중간중간 하고 있는 일을 주변과 공유하고 보고하세요. 팀장이라면 후배들에게 팀 비전이나 업무 성과를 공유하고 팀원이라면 상사에게 지금 어떻게 일을 진행하고 있는지 점검 차원에서 중간 보고를 하고요. 혼자 열심히, 묵묵히 일하고 있으면 아무도 당신이 무슨 일을 하는지 몰라요.

진행 상황을 자주 공유하고 미리 보고하면 일 진척도 빠르고 주변 도움도 받을 수 있습니다. **열심히 하고 있다는 것을 은근슬쩍 알리고 필요한 도움도 받으세요. 이건 아부가 아니라 일 잘하는 방법이에요.** 상사는 보고 잘하는 직원을 특히 좋아합니다.

04

Q. 인맥을 넓히기 위해서는 뭘 해야 할까요?

A. 너무 많은 사람과 관계를 맺다 보면 공해가 될 수 있습니다. 불필요한 인맥을 늘리는 데 많은 에너지를 쏟기보다는 내가 부족하거나 필요한 영역, 배울 점 많은 사람이나 기관 인맥으로 선택과 집중을 하세요. 또 인맥을 넓히려면 결과적으로 자신이 머무는 공간이 달라져야 합니다. 일 끝나고 친구들만 만났다면 업무와 관련된 마케팅 클래스에 나가는 식이죠. 공간이 바뀌면 만나는 사람이 바뀌고 그러면 자연스럽게 인맥이 넓어져요.

한 가지 덧붙이자면, 인사 잘하는 사람이 되어야 합니다. 저는 계획표를 짜서 주변 사람들에게 연락을 합니다. 지금 당장은 나와 인연이 되지 않는 사람이라도 가끔 연락하고 안부를 나누려고 노력했죠.

SNS도 인맥 관리에 도움이 됩니다. 늦은 밤이나 짬 날 때마다 '좋아요'를 누르고 댓글을 달아요. 내가 먼저 관심을 꾸준히 보여주면 오래 봐온 사이가 아니어도, 업무와 연관되지 않았더라도 오랜만에 만났을 때 근황을 이야기하면서 친해질 수 있어요. **간단하면서도 부담 없이 인맥도 늘리고 가까운 사이가 되는 데 SNS가 유용한 도구입니다.** 저는 업무 관계가 아니더라도 좋아하는 사람 생일은 잊지 않고 축하해주곤 해요. 큰 노력 없이 사람의 마음을 사는 방법이죠.

05

Q. 주변에 닮고 싶은 멘토가 없어요.
어떻게 찾을 수 있을까요?

A. 멘토가 없다는 건 슬픈 일입니다. 모든 면을 닮고 싶은 건 아니어도 어느 한 부분은 꼭 닮고 싶은 사람이 있을 거예요. 그렇게 사람마다 가지고 있는 장점을 보세요. 기획서 잘 쓰는 법은 이 선배에게, 말하는 법은 저 선배에게, 태도는 다른 선배를 보며 배우는 거죠.

멘토를 꼭 회사 안에서만 찾아야 하는 것도 아닙니다. 배우고 싶은 게 있다면 밖에서도 적극적으로 찾아보세요. 외부 멘토링을 받을 수도 있고, 책을 통해 셀프 멘토링을 해보는 것도 좋아요. 책으로 생각과 태도는 물론이고, 인생도 바꿀 수 있습니다.

06

Q. 좋은 선배가 되고 싶은데, 부정적인 태도를 가진 후배에게 어떻게 도움을 줄 수 있을까요?

A. 그런 생각을 한다는 것만으로도 이미 좋은 선배인 것 같습니다. 애정이 있으니 바꿔주고 싶은 마음도 드는 거니까요. 하지만 사람은 고쳐 쓰는 게 아니라는 옛 어른들 말씀이 맞다는 생각을 자주 합니다. 사람은 잘 안 바뀌죠. 그래도 나에게 그 사람이 필요해서, 또는 그 사람을 위해서라도 나쁜 태도를 바꿔주고 싶다면 먼저 친해지세요. 일단 친해진 다음에 바꿔야 할 부분이 보이면 너무 무겁지 않게 이야기해주세요. 상대가 안 그러려고 조금이라도 반응을 보인다면 일단 성공입니다.

만약 나에게 평가 권한이 있다면 냉정한 피드백도 해야 합니다. "넌 너무 부정적이야"라는 두루뭉술 지적보다는 사실에 기반한 디테일로 그런 태도나 말투 때문에 어떤 문제가 생기는지 평가하고 피드백 해줄 필요가 있어요.

한 가지 명심할 것은 그런 일에 너무 내 힘을 뺄 필요는 없다는 사실입니다. 원칙을 말하자면, 부정적인 사람은 피하는 게 상책입니다. 부정적 사고와 감정은 전파력이 강해서 결국 나에게 안 좋은 영향을 미치기 때문이죠.

07

Q. 야단맞으면 눈물부터 납니다. 내 감정을 잘 조절하는 방법은 무엇일까요?

A. 마음이 너무 여리군요. 전 여리지도 않은 편인데, 예전에 야단을 맞으면 분해서 눈물이 났어요. 나오는 눈물은 어쩔 수 없더라고요. 하지만 너무 오래 울고 있으면 안 되죠. 저는 심지어 욱해서 포커페이스가 안 되는 편이었습니다. 다행히 시간이 지나면서 많이 바뀌었어요. 의도적으로 안 그러려고 노력도 했고요. 그래도 진짜 억울할 때는 지금도 눈물이 납니다. 그렇더라도 약한 여자 코스프레는 절대 안 됩니다. 야단친 사람이 사이코패스가 아니라면 일부러 나를 괴롭히려고 야단치지는 않았을 거예요.

속상해서 감정을 다스리기 힘들 땐 숨을 들이쉬고 열까지 세는 연습을 해보세요. 나쁜 기분은 오래 담아두지 말고 잠시 밖으로 나가 호흡을 가다듬기만 해도 큰 도움이 됩니다. 그리고 나약한 모습은 되도록 남들에게 보이지 않는 것이 좋아요.

당장은 감정이 억제가 안 돼 울었지만 자리로 돌아와 생각해보니 상사의 피드백이 옳았다는 생각이 들 때도 있을 거예요. 그러면 나중에라도 다시 찾아가 "감정 관리가 부족했다", "앞으로도 좋은 피드백 부탁드린다"라고 말해보세요. 성숙한 사회인이라는 인상을 남기게 될 겁니다.

08

Q. 분명히 내가 더 잘한 것 같은데, 상사가 아부하는 다른 사원을 더 좋게 볼 때는 어떻게 하나요?

A. 압도적인 실력 차이가 나지 않는다면, 잘하고 못하고는 완전히 개인 시각에 따라 다릅니다. 아부하는 사람도 다시 한번 헤아려 필요가 있어요. '내로남불'이라는 말처럼 남이 하면 아부고, 내가 하면 사회성 지수 높은 거라고 착각할 수도 있습니다. 아부하는 사람이 쓰는 말이나 소통 방법도 잘 살펴보세요. 배울 점이 있을 수도 있어요. 내가 쓰는 말이나 소통 방법의 문제점은 없는지도 돌아보고요. 뜻밖에 그의 장점과 나의 단점을 발견할 수도 있습니다.

당연한 말이지만 무턱대고 사람을 차별하거나 편애하거나 내용이 좋고 나쁨을 구별하지 못하는 상사라면, 어차피 그 사람은 머지않아 도태될 테니 신경 쓰지 마십시오. 회사는 조직에 필요한 사람을 더 높이 평가합니다.

내가 압도적으로 잘하고 있다고 확신한다면 순간순간의 평가에 너무 연연하지 마세요. 필요할 때는 결국 나를 찾고 인정하게 될 테니까. 인생은 생각보다 길어요.

09

Q. 회사에서 필요로 하는 인재란 무엇인가요?

A. 회사마다 문화는 다르겠지만, 결국은 스스로 비전을 만들고 성과를 만들어내면서 회사의 성장 방향을 같이 바라보고 노력하는 사람이 인재가 아닐까요?

회사에서는 많은 종류의 인재가 필요합니다. 맡은 직무와 역할에 적합하게 성장해야 하죠. 다 같은 종류의 인재일 수는 없습니다. **개인적으로는 다양한 방면의 인재가 있다고 생각합니다. 그러니 일단 자신만의 장점, 자신의 무기를 갈고닦으세요.**

10

Q. 남자들이 나를 무시해서 열 받을 때가 많은데, 어떻게 해야 할까요?

A. 그런 말을 들으면 웃음이 납니다. 나도 예전엔 남자들이 여자를 무시한다고 생각한 적이 더러 있어요. 그런데 남녀는 생각하는 방식도, 쓰는 언어도 다르다는 것을 알게 되니 대수롭지 않더라고요. 물론 실제로 무시하는 사람도 있습니다. 그런 사람들은 그냥 교육을 잘못 받아서 그런 거니 무시하세요.

남자 동료가 무시하는 것 같다 싶으면 당신도 같이 무시하세요. 그리고 다시는 무시하지 못하게 실력으로 이길 생각을 하십시오. 직급이 깡패라고, 버티는 놈이 이긴다는 것은 만고불변의 진리입니다. 끝까지 버텨서 이겨버리세요.
좋은 사람에게는 좋은 사람이 되고, 나쁜 사람에겐 무서운 사람이 되는 태도도 필요합니다. 나를 병풍 취급하는 사람은 나도 병풍 취급하면 되죠. '눈에는 눈, 이에는 이'가 필요해요. 가만히 있으면 가마니 된다고 하잖아요. 남녀를 막론하고 당신의 존재감을 각인시키도록 하세요.

11

Q. 살면서 후회되는 것이 있다면 무엇인가요?

A. 제가 후배들에게 자주 하는 말인데, 아이를 한 명만 낳은 것과 예전에 사람들에게 너무 독하게 말한 거예요.
내 아이를 위해 형제를 만들어주면 좋았을 것 같은데, 당시에는 외둥이가 대세였거든요. 살아보니 형제 없는 아이는 엄마가 없을 때 너무 외롭더라고요. 지금도 '그때 너무 두려워하지 말고 둘은 낳을걸' 하고 후회합니다. 형제끼리는 싸우기도 하지만 같이 놀기도 하고, 무슨 일이 생기면 서로 든든한 편도 되어주잖아요. 가끔 아들을 보고 있으면 좀 미안해요. '워킹맘이라면 더더욱 자녀가 둘은 있어야 하겠구나' 생각이 들기도 해요.

너무 이른 나이에 큰 책임을 맡으면서 부족한 인격으로 그때 후배들에게 매몰차게 대한 것 같아 이것도 후회합니다. 물론 해야 할 말은 안 하는 것보다 낫지만 왜 그리 마음에 상처를 줬을까 싶죠. 나이 들어 보니 모든 **회사의 성과는 저 혼자 잘나서 만든 게 아니었어요. 팀이 함께 만들어가는 거죠.** 부족한 부분이 있더라도 좀 좋은 말로 지도했으면 좋았을 텐데. 신입 팀장이 되신 분들이라면 일을 해내야 하는 책임감과 함께 팀장의 인격을 기르는 노력도 같이 해보세요.

12

Q. 능력이 안 되는 것 같을 때는 포기해야 할까요?

A. 무슨 그런 말을. 저는 될 때까지 해봐야 한다고 생각합니다. 꾸준히 공부하고 노력하세요. 세상에 안 되는 게 어디 있냐는 건방진 태도로 세상을 산 적도 있지만, 진짜 해도 해도 안 되는 일도 있긴 합니다. 하지만 그것이 내 능력 때문은 아니었어요. 능력 탓하면서 포기하지 말고 정말 끝이다 싶을 때까지 가보세요.

다른 한편으로 뭔가 포기하고 싶다면 그건 능력 때문이 아니라 다른 이유가 있을 수도 있어요. 그냥 징글징글하게 하기 싫은 일인 거죠. 일단 상황 판단을 하고 잘해내고 싶다면 포기하지 마세요. **그렇게 최선을 다한 다음 실패를 하면 거기에서도 배울 게 있어요. 그 과정에서 나의 근성과 일 근육이 단단해질 수도 있고, 그 경험이 다음 시도를 성공으로 이끄는 자산이 되기도 하죠.**

13

Q. 이 일이 나와 맞는지 아닌지는 언제, 어떻게 알 수 있나요?

A. 그것은 자기가 제일 잘 알지 않을까 싶어요. 나와 맞지 않고, 하기 싫고, 징글징글하게 재미없다면, 누구보다 자기 자신이 가장 잘 알 겁니다. 물론 모든 사람이 자신에게 맞는 일을 하는 건 아니에요. 하지만 너무 하기 싫은 일이라면 안 하는 게 맞겠죠.

그런데 내가 좋아하고 나한테 맞는 일을 찾는 것도 중요하지만, 내가 하는 일을 좋아하게 되고, 잘하게 되는 게 더 중요하다고 생각해요. 일단 최선을 다해서 내가 하는 일을 잘해보자는 거예요. **잘하게 되면 좋아하게 되고, 좋아하면 열심히 하게 되고, 열심히 하면 더 잘하게 돼요. 그럼 더 잘하고 싶은 마음에 시각도 달라지고, 시야도 넓어지며, 생각도 많이 하게 되면서 어느 순간 탁월해지죠.** 이것은 수많은 사람이 말하고, 쓰고, 증명한 사실입니다.

14

Q. 부당한 일을 당했을 때, 현실과 타협하면서 버티는 것과 나가떨어지더라도 투쟁하는 것 중 어느 것이 옳을까요?

A. 둘 다 맞아요. 투쟁하면서 버텨야 할 때는 버티세요. 자신이 바라는 방향을 바라보고 조금씩이라도 움직여야 합니다. 내가 십자가를 모두 짊어질 필요도 없지만, 가만히 있으면 더 괴로울 수도 있어요. 어느 편을 선택할지는 내가 어떤 사람이 되고 싶냐에 따라 다르지만, 모두가 잔다르크는 아니니까 일단 자신의 방향성을 점검해보세요.

전 독하고 무섭다는 말을 많이 들었어요. 아마 승부를 봐야 할 때는 끝까지 맞섰기 때문이라고 생각해요. 그런데 평소에는 꿀 발린 소리도 잘합니다. 현명하게 타협하고, 반드시 맞서야 할 결정적인 일에서는 타협하지 않죠.

포기하면 우리에게 미래는 없어요. 선배들이 싸워서 만들어준 혜택을 우리가 빌려 쓰는 것이니, 후배들이 갈 길은 우리가 만들어줘야 합니다. 나중에 우리 딸들이 이 자리에 왔을 때 지금보다는 좀 더 나아져 있지 않을까요. 우리 모두 나가떨어지지 말고 싸워서 끝내 이깁시다!

15

Q. 그동안 만난 여자 후배들이 일을 포기하는 가장 큰 요인은 무엇이었나요?

A. 예전에는 육아 문제 때문에 그만두는 경우가 많았어요. 저 때만 해도 육아휴직도 없고, 출산휴가는 고작 2개월밖에 되지 않았죠. 법적으로 회사가 이를 반드시 지켜야 할 의무도 없었고. 출산휴가 쓰고 돌아오니 자기 자리가 없는 경우도 태반이었죠. 그러나 그동안 많이 변했어요. 요즘은 아파트 단지마다 어린이집이 있고, 육아 수당을 비롯해 아빠도 육아휴직을 쓸 수 있잖아요.

최근에는 환경의 영향 때문인지 아니면 스트레스 강도가 더 세져서인지 건강상의 문제를 겪는 경우도 종종 봐요. 건강을 잘 챙기는 것도 자기 관리의 필수 조건이라는 사실을 잊지 마세요. 여성 고학력자가 일하지 않는다는 건 국가 발전에도 손해잖아요.

여자는 2군이라는 생각도 버리세요. 어려운 상황에서 '굳이 이렇게까지 해서 일해야 하나'라는 생각은 자신을 2군 선수로 낮추는 꼴입니다. 1군 선수가 되세요. **일해서 자신의 능력을 발휘하고 싶은 마음이 있다면 스스로 1군의 마음가짐으로 살아야 합니다.** 육아와 가사는 가족이 함께 책임지도록 합시다. 일을 지속하는 데 가장 중요한 것은 내 마음의 근육입니다. 단단해지세요.

16

Q. 후배들을 보면서 '이 친구 일 잘하는구나' 하고 느끼게 되는 결정적 요소가 있다면?

A. 2030 MZ세대 중에도 정말 열정적이고 창의적으로 일하는 친구들을 많이 봐요. 조직에 비타협적이라는 비판도 받긴 하지만, 무언가에 꽂히면 오히려 뛰어난 능력을 발휘하고 반짝반짝 빛나는 창의성도 대단하죠. 근데 이 창의성을 계속 발전시키려면 지구력이 있어야 해요. 일을 잘한다고 느끼는 결정적 요소는 사람마다 다릅니다. 다만 실력이 뛰어난 만큼 좋은 인성과 태도까지 갖추기는 어려워요. 그런 친구는 정말 빛이 납니다. 후배 중에 끈기와 맷집으로 마침내 크게 성장한 친구가 있어요. 처음 만났을 때는 사실 '뾰족함'이 좀 부족했지만, 맷집 하나만큼은 정말 타의 추종을 불허했습니다. 하루는 직무가 바뀌어서 그 친구가 다른 업무의 기획서를 만들었는데 작업해 온 걸 보니 마음에 안 드는 거예요. 네 번을 돌려보냈고 한 달 넘게 의사결정을 보류했습니다. 어찌 보면 그 내용으로는 하지 않겠다는 내 의사 표현이었죠. 그 친구는 독한 피드백에도 '다시'를 반복하더니 결국 다섯 번 만에 오케이를 받아내더군요. 그 친구는 어떻게든 '되는 방법'을 찾아왔어요. **기다리고 보강해주면 결국은 성과를 만들었죠. 그게 바로 '전투력'입니다. 그런 전투력은 배우려고 노력하는 '인성과 태도'에서 나와요.**

에필로그   마지막 당부

이름을 걸고 일한다는 것

팀장 시절에 이화여자대학교에서 여성 리더십 과정 교육을 들은 적이 있다. 그룹 인재개발원 추천으로 얻은 기회였는데, 그때 다른 기업의 여성 차장·부장급 리더들과 함께 교육받는 경험을 했다. 2000년대 초반이라 IT 기업인 다음이나 네이버 직원도 있었고, 컨설팅 회사와 제일기획·삼성·엘지 같은 대기업의 중간관리자도 함께 공부했다. 그때 내가 인맥의 중요성을 조금이라도 알았다면 오래 관계를 유지하면서 좀 더 돈독하게 지냈을 텐데 아쉽다. 그들은 지금 다들 어디서, 무엇을 하고 있을까.

당시 리더십 교육 프로그램은 모두 유익했다. 지금은 서울 역삼동에서 최인아책방을 운영하는 최인아 대표가 당시에는 제일기획 상무 자격으로 강연을 했다. 사용하는 단어 하나하나 모두 고급스럽고, 강연 내용도 일에 도움이 돼서 오래 기억에 남았다. 멋있고 품위 있었다.

20년이 지난 2022년, 최인아 대표가 〈동아일보〉에 기고한 '이름을 걸고 일한다는 것'이라는 칼럼을 읽었다. 최인아 대표는 많은 사람이 명함 속 자기 이름 앞에 붙어 있는 계급장을 당연하다고 생각하고, 동료와 회사의 지원 덕분에 이뤄낸 성과를 자기가 이룬 것으로 착각한다고 했다. 그리고 이런 시간이 계속되

면 위험하다고 지적했다. 계급장을 떼고 갑자기 조직 밖으로 나오면 정작 혼자서 할 수 있는 일이 아무것도 없다는 걸 깨닫고 이른바 '현타'가 오기 때문이라는 것이다. 경험해본 사람만이 할 수 있는 말이었다.

내 이름을 걸었다면 '절실하게' 일해야 한다. 실패할 수도 있지만, 최선을 다하면 언젠가는 기회가 온다. 지금껏 쌓은 경험에서 얻은 유일한 진리다.

여자 남자를 떠나 우리는 지금 최선을 다하고 있을까?

어느 드라마에서 배우 현빈이 직원들에게 묻곤 하던 말이 있다.

"이게 최선입니까?"

만약 최선을 다하지 않는다면, 그리고 그 이유가 회사나 남을 위해 일해준다는 생각에서 비롯한 것이라면 본인을 위해서라도 그런 착각에서 하루빨리 벗어나라고 말해주고 싶다.

소중한 나를 위해, 내 이름을 걸고 간절하게! 남들이 나를 결정하게 하지 말고, 실력을 쌓고 기회를 만들어가면서 성장하라고 말해주고 싶다.

흔히 갑을 관계라고 하는데, 조직 내에서는 실력으로 갑이 되겠다는 간절함이 필요하다. 을처럼 일하고 갑의 대접을 받으려 하면 갈등이 생기고 일이 즐겁지 않다.

인정하고 싶지 않겠지만 사회에서 여자는 아직 을이다. 그래서 노력을 밑천 삼아 '내 이름을 걸고' '간절하게' 성장해 갑의 위치에 가려는 노력이 더 필요하다. 실력으로 갑이 된 사람은 권력이나 행사하려는 이른바 '갑질'도 하지 않는다. 그것이 일하는 자로서 갑이 지닌 품위다.

여자 전투력

펴낸 날	초판 1쇄 발행 2023년 3월 3일
	2쇄 발행 2023년 3월 15일
편집인	유근석
펴낸 곳	한국경제매거진
지은이	서명지
제작 총괄	이선정
책임 편집	윤제나
편집	이진이·강은영
사진	서범세
디자인	서희지
판매·유통	정갑철·선상헌·조종현
인쇄	제이엠프린팅
등록	제2006-000008호
주소	서울시 중구 청파로 463 한국경제신문
구입 문의	02-360-4859
홈페이지	www.hankyung.com

값 16,000원
ISBN | 979-11-92522-39-5(93320)

● 잘못 만들어진 책은 구입하신 곳에서 교환해드립니다.
● 이 책은 저작권법에 따라 보호받는 저작물이므로 무단 전재와 복제를 금합니다.